Lisa und Wilfried Bahnmüller · Regine Heue

EINFACH ABSCHALTEN IN EUROPA

OFFLINE UND DRAUSSEN: REISEZIELE FÜR DIE SEELE

Mit Erholungsgarantie

BRUCKMANN

INHALTSVERZEICHNIS

REIF FÜR DIE INSEL

AB IN DIE BERGE

LUST AUF WASSER

Die alte Genueser Brücke überspannt den Fluss Tavignone in Korsika (links). In den Niederlanden locken Radtouren am Grevelinger- und Ijsselmeer (oben). Auch in den schottischen Highlands lässt sich herrlich abschalten (unten).

IMMER WIEDER LANDLIEBE

Leuchtend lila wächst das Atlantische Hasenglöckchen an Cornwalls Steilküsten bei Land's End.

KANARISCHE INSELN
ATLANTISCHER OZEAN
ISLA GRACIOSA
LANZAROTE
Arrecife
LA PALMA
TENERIFFA
Santa Cruz de Tenerife
FUERTEVENTURA
Puerto del Rosario
24
50
LA GOMERA
Las Palmas de Gran Canaria
EL HIERRO
GRAN CANARIA
0 50 km
AZOREN 25
0 50 km
CORVO
GRACIOSA
FLORES
SÃO JORGE
TERCEIRA
FAIAL
PICO
SÃO MIGUEL
ATLANTISCHER OZEAN
SANTA MARIA
REYKJAVÍK
ISLAND
26
Europäis
1
FÄRÖER INSELN
SHETLAND-INSE
ROCKALL (GB)
ÄUSSERE HEBRIDEN
80
54
Edinburgh
Belfast
82
IRLAND
GROSS-
48
DUBLIN
Liverpool
Manchester
BRITANNIEN
81
LONDON
Ärmelkanal
Boulogne-sur-Mer
KANAL-INSELN
Brest
Le Havre
Seine
PARIS
Nantes
Loire
FRANKR
ATLANTISCHER
OZEAN
La Coruña
Golf von Biscaya
Gijón
Bordeaux
Vigo
87
Bilbao
86
Garonne
Toulouse
Porto
Valladolid
Duero
Ebro
49
PORTUGAL
ANDORRA
LISSABON
Tajo
MADRID
Barcelona
SPANIEN
Guadiana
Valencia
MALLORCA
22
75
IBIZA
Sevilla
Murcia
Cádiz
BALEARE
Gibraltar
Tanger
Ceuta
MITTE
MADEIRA
23
Melilla
Oran
ALGIER
N
Casablanca
RABAT
MAROKKO
ALGERIEN
0 50 km

NORDKAP
Hammerfest
Barentsee
VESTERÅLEN
Tromsø
LOFOTEN
51
Narvik
27
Murmansk
HALBINSEL
KOLA
Weißes Meer
Petšora
Ob
Uchta
Archangelsk
meer
Luleå
SCHWEDEN
NORWEGEN
Bottnischer Meerbusen
Kama
Kama-
stausee
Trondheim
FINNLAND
RUSSLAND
Perm
Onega-
see
Petrosawodsk
Wotkinsker
Stausee
Ladoga-
see
Kirow
76
gen
77
Turku
Wolgoda
Ufa
OSLO
HELSINKI
Sankt
Petersburg
STOCKHOLM
Rybinsk
Gorkier
Stausee
Kasan
52
TALLINN
Rybinsker
Stausee
28
ESTLAND
78
Wolga
Kuibyschewer
Stausee
Skagerrak
3
Norrköping
Nishnij
Nowgorod
Oka
Pskov
53
Twer
Samara
Göteborg
GOTLAND
RIGA
79
MOSKAU
Kattegat
DÄNE-
MARK
29
Daugava
4
LETTLAND
Saratower
Stausee
KOPENHAGEN
ÖLAND
Ostsee
LITAUEN
Klaipeda
2
Malmö
Smolensk
Wolga
see
BORNHOLM
VILNIUS
5
Saratow
RÜGEN
Gdańsk
MINSK
7
6
Wolgograder
Stausee
Hamburg
59
57
Szczecin
Woronesch
Elbe
Oder
BELARUS
KASACHSTAN
POLEN
BERLIN
RDAM
Brest
Poznań
DEUTSCH-
WARSCHAU
Don
Wolgograd
58
Düsseldorf
Charkov
KIEW
Rhein
Dresden
Wolga
Zimljansker
Stausee
Frankfurt
88
Astrachan
Dnepr
LAND
UKRAINE
Don
Donezk
Krakau
Main
Nürnberg
PRAG
71
Dnipropetrowsk
Rostow
am Don
TSCHECHIEN
40
Donau
94
93
96
92
SLOWAKEI
München
8
70
WIEN
BRATISLAVA
KISCHINAU
39
68
Cherson
74
41
69
Asowsches
Meer
38
ÖSTERREICH
Krasnodar
CHWEIZ
44
36
37
BUDAPEST
MOLDAWIEN
Graz
Odessa
95
63
35
43
42
UNGARN
RUMÄNIEN
KRIM
17
65
34
SLOWENIEN
Gardasee
98
Brasov
Sotschi
18
Venedig
GEORGIEN
Mailand
LJUBLJANA
ZAGREB
60
Sewastopol
Jalta
67
KROATIEN
Suchumi
Po
BUKAREST
Tiflis
Genua
66
64
BIH
72
Donau
Constanta
Schwarzes Meer
Batumi
9
Zadar
BELGRAD
ARMENIEN
Florenz
SARAJEVO
61
Jerewan
SERBIEN
10
Varna
Split
ITALIEN
BULGARIEN
Burgas
Trabzon
ELBA
Samsun
21
Dubrovnik
KOSOVO
SOFIA
11
30
Adriatisches Meer
99
ROM
Skopje
TIRANA
Istanbul
97
NORD-
62
MAZEDONIEN
Van
ANKARA
Kizilirmak
20
Neapel
ALBANIEN
Thessaloniki
Van-See
Bari
Tigris
19
SARDINIEN
91
31
32
12
Ägäisches Meer
Tyrrhenisches
Meer
GRIECHEN-
TÜRKEI
Cagliari
100
Izmir
Palermo
Ionisches
Meer
Messina
33
Antalya
Patras
ATHEN
14
Catania
Bodrum
LAND
SYRIEN
13
IS
15
SIZILIEN
IRAK
ESIEN
RHODOS
MALTA
ZYPERN
16
Lefkosia
LIBANON
Damaskus
KRETA

In den Bergen und auf den Höhen lässt sich ideal Abschalten, so auch am großen Arber in den endlosen Weiten des Bayerischen Waldes.

VORWORT

Einfach mal Abschalten …

… das bedeutet für jeden von uns etwas anderes: Die einen verbinden damit eine Auszeit vom Alltag, andere einfach nur Ausspannen, um sich auf sich selbst zu konzentrieren und wiederum andere finden ihre Erholung in der Bewegung bei sportlichen Aktivitäten draußen an der frischen Luft.
Für uns bedeutet Abschalten die Seele baumeln zu lassen, den Fokus zu lösen und dem Tag die Chance auf Spontanität zu geben und keinen einzigen Gedanken mehr an die Arbeit, E-Mails oder Onlinemeetings zu verlieren. Es geht darum, aus Routinen und ausgetretenen Wegen auszubrechen, neue Dinge auszuprobieren oder sich einmal etwas Genussvolles zu gönnen.
Aber wo ist dies am einfachsten? Es klappt wahrscheinlich weniger gut in einer der vielen europäischen Großstädte wie London, Paris, Berlin oder Rom, die alle trotz ihrer Schönheit Hektik versprühen.

Endlose Weite, viel Licht und ein einsamer Schärengarten im blauen Meer, da bleibt man gerne an Schwedens Westküste.

Ganz anders sieht es da inmitten kraftspendender Natur aus: ob in den Bergen, in Wäldern, auf dem Land, am See, auf einer Insel oder am Meer – das sind alles Plätze, die perfekt geeignet sind, um seine Batterien mit neuer Energie aufzuladen. Genau das waren unsere Gedanken, als wir die Reiseziele ausgewählt hatten. Wir haben versucht, die richtige Balance zwischen dem entspannten Nichtstun, dem Erkunden unbekannter Orte sowie sinnvoller Aktivitäten in Europa zu finden. So kann man »Auftanken« und Abschalten.

Einige unserer Reisetipps sind nur für ein Wochenende geeignet, andere wiederum verführen zu einer längeren Auszeit. Kein Wunder, denn die Vielfältigkeit Europas ist enorm. Es bietet außergewöhnlich Schätze, oft fernab vom Massentourismus, die alle nur darauf warten, entdeckt zu werden. Europa ist die ideale Destination, um einfach nur abzuschalten.

Herzlichst
Ihre Lisa Bahnmüller & Regine Heue

Abgelegen am westlichsten Rand Europas liegt die portugiesische Insel São Miguel im Archipel der Azoren.

REIF FÜR DIE INSEL

Mit Blick auf das Wasser die Zeit vergessen

Der österreichische Liedermacher Peter Cornelius bringt es auf den Punkt. Im Refrain seines wohl bekanntesten Songs besingt er die Sehnsucht nach einer Auszeit auf einer Insel. *»I bin reif, reif, reif, reif für die Insel. I bin reif, reif, reif überreif. Und i frag mi, warum i no' da bin, für's Aussteig'n bin i scheinbar zu feig.«*

Der komplette Ausstieg für immer muss jedoch nicht gleich sein, aber eine kurze Auszeit ist immer möglich. Wer die auf einer Insel verbringt, macht sicherlich nichts falsch. Mit dem Blick aufs Wasser aufwachen, am Strand oder Ufer spazieren gehen, die frische Luft genießen und dabei einfach entschleunigen.

Auf einer der unzähligen europäischen Inseln findet jeder sein kleines Paradies. Mit dem gewissen Abstand zum Festland hat man Zeit, Raum und Muße, Energie zu tanken, die Gedanken zu erforschen oder schlichtweg einfach einmal nichts zu tun. Besser geht es kaum, ein Leben auf einer Insel zumindest auf Zeit, das ist wunderschön.

Dabei ist Europas Inselwelt so vielfältig und unterschiedlich wie auf keinem anderen Kontinent. Jeder kennt die mediterranen Inseln von Griechenland oder Kroatien, das sind wahre Archipele mit zigtausenden von Eilanden. Dazu kommen alle großen Inseln wie Sardinien, Korsika, Sizilien oder die Balearen. Aber noch viel zahlreicher sind die traumhaften Inselwelten des Nordens, im Schärenreich Skandinaviens.

Oder die Inseln am Rande Europas, wie die Azoren oder die Kanarischen Inseln. Nicht zu vergessen die Eilande auf den mitteleuropäischen Seen. Es ist Zeit Zeit für eine der vielen Inseln.

5X ABSCHALTEN UND RUNTERKOMMEN

Filmkulisse Procida – die kleine Schwester von Capri und Ischia erfüllt alle Inselträume: www.visitprocida.it

Rømø und sein Strand – den dänischen Nordseewind im Gesicht und grenzenlose Freiheit: www.visitdenmark.de

Malerische Fraueninsel – auf der Fraueninsel im Chiemsee betreten wir eine andere Welt und entfliehen der Hektik des Alltags: www.chiemsee-inseln.de

Azoren – tiefe Vulkankrater, hohe Berge und bunte Wiesen: Die Natur der Azoren ist in Europa einmalig: www.visitazores.com

Patmos – das ist die geheimnisvolle Insel, die nur darauf wartet, entdeckt zu werden: www.griechenland.de

Dramatische Lichtspiele wechseln sich auf den Färöer-Inseln genauso schnell ab wie das Wetter (unten). An Rømøs längstem Sandstrand ist Platz für viele Sportarten (rechts).

1 FÄRÖER Die von der »Once-in-a-Lifetime-Liste«

Sonnenschein, Nebel, Regen, Nebel, Wind, Nebel, Wolken, Regen, Nebel, Sonnenschein … Launisch ist jedoch nur das Wetter, die Menschen sind gastfreundlich und herzlich. Aber der Nebel und der Regen, die meist nur wenige Stunden dauern, sorgen dafür, dass die Färöer-Inseln in einem saftigen Grün aus dem dunklen Nordmeer ragen. Die Färöer-Inseln liegen extrem abseits und es ist nicht so leicht, dorthin zu gelangen. Sogar Google-View hat die Inseln zwischen Schottland und Island übersehen und so hat man kurzerhand einige Schafe mit Kameras ausgerüstet, damit die ganze Welt weiß, wie es am Ende der Welt aussieht. Aber definitiv sollte man die Inseln einmal im Leben selbst besucht haben. Die Färöer sind nämlich nicht nur eine einzelne Insel, sondern ein ganzer Archipel, bestehend aus 18 Inseln, einigen Holmen und mehrerer Hundert Schären. Die Infrastruktur ist gut, fast alle Orte und Weiler sind über Straßen zu erreichen und die einzelnen Inseln sind mit Fähren, Brücken oder durch Tunnel verbunden. Die beste Art die Inseln und vor allem ihre Vogelwelt zu erkunden, ist zu Fuß. Beim Wandern genießt man die größten und beeindruckenden Naturerlebnisse. Dort, inmitten der wilden Landschaft mit ihren Steilküsten, den senkrechten Klippen und Felsnadeln, den Wasserfällen, den vielen Vögeln, den grünen Wiesen und den unzähligen Buchten und Fjorden beginnt das große Abenteuer.

TIPPS & INFOS

FAKTEN: Die Färöer-Inseln, auf Deutsch: »Schafsinseln« sind ein Teil von Dänemark. Aber die 54.000 Einwohner betrachten sich eher als ein eigenständiges Volk und besitzen deshalb auch eine autonome Landesregierung. Definitiv leben mehr Schafe als Einwohner auf den Inseln. Ungezählt sind die vielen Meeresvögel, darunter der putzige Papageientaucher, wobei der Nationalvogel der Austernfänger ist. Kein Punkt auf den Inseln ist übrigens weiter als drei Kilometer vom Meer entfernt, Meerblicke sind also sicher.

KULTUR: Auch wenn die Inseln nicht viele Einwohner haben, verstehen es die Färinger zu feiern. Musik spielt eine wichtige Rolle und so gibt es in den Sommermonaten Musikfestivals, wie das G!Festival oder Kombination aus Musik und Sportveranstaltungen.

WEBSEITE: www.visitfaroeislands.com

2 RØMØ Sandstrand, soweit das Auge reicht

Sylt, die nördlichste der Nordfriesischen Inseln, wird mit jedem Wintersturm kleiner. Was Sylt verliert, gewinnt die benachbarte Insel Rømø an Land hinzu. Unzählige Kubikmeter Sand werden von Jahr zu Jahr nach Dänemark verfrachtet und dabei wird Rømø still und heimlich immer größer. Der Sand lagert sich an der Südwestseite der Insel ab und bildet damit einen der größten Strände Nordeuropas. Sandstrand, soweit das Auge reicht. Bei Niedrigwasser ist er bis zu 4 Kilometer breit und man darf ihn sogar mit dem Auto befahren. Erst ganz am Horizont taucht dann die Nordsee auf mit einem fast fließenden Übergang zwischen Himmel und Wasser. Kurz: Rømø besticht mit einer grenzenlosen Weite und der wunderschönen Dünenlandschaft. Auf Röm, wie die Insel auf Deutsch genannt wird, leben die meisten Einwohner auf der Ostseite. Dort gibt es Campingplätze, Ferienwohnungen und Pensionen.

Der lange Rømødæmningen verbindet das Eiland mit dem dänischen Festland, aber das beste Fortbewegungsmittel auf der fast flachen Insel ist das Fahrrad. Urkundlich sind bereits 1190 die ersten Siedlungen auf der Insel belegt, Reste aus dem Mittelalter, wie die Ruinen von Borrebjergs, eine Burganlage, sind noch zu sehen. Den größten Aufschwung in ihrer Geschichte erlebte Rømø im 17. und 18. Jahrhundert. Der ertragreiche Walfang lockte viele Fischer auf die Nordseeinsel. Aber mit der fast vollständigen Ausrottung des Glattwals hatte die Herrlichkeit ein Ende. Heute ist der Tourismus das wirtschaftliche Standbein der Insel, denn idealerweise grenzt Rømø an den Nationalpark Wattenmeer.

TIPPS & INFOS

AKTIV: So viel Strand schreit nach Action! Rømø ist das Eldorado für Strandsegler und Buggykiting, aber es geht auch geruhsamer, so lockt das Drachenfestival mit zahlreichen bunten Winddrachen am Himmel jedes Jahr viele Besucher an. Hoch im Kurs sind auch Ausritte mit dem Pferd über die weiten Sandflächen und durch die Dünen.

NATUR: Im kleinen Naturcenter Tønnisgård, das in einem alten Backsteinhaus untergebracht ist, erfährt man viel über die Flora und Fauna von Rømø, denn die Insel liegt im größten Nationalpark Dänemarks Vadehavet. Es werden Wattwanderungen, Austern-Exkursionen, aber auch Bunkerführungen angeboten: www.tonnisgaard.dk

WEBSEITE: www.visitdenmark.de

3 SMÖGEN

Schwedische Granitfelsen am Skagerrak

Wie Abertausende gestrandete Buckelwale, große und kleine, in allen Grautönen, mit Rillen, Furchen und Mustern überzogen zeigt sich die schwedische Inselwelt der Schären. Es sind riesige und auch ganz kleine glattgeschliffene Granitfelsen, die aus dem Wasser ragen. Geschaffen von der Kraft der letzten Eiszeit findet man sie überall in den nordischen Ländern, so auch an Schwedens Westküste, nördlich von Göteborg in der historischen Provinz Bohuslän. Die kleine Fischerinsel Smögen mit ihren bunten Holzhäusern ist umgeben von tiefblauer Seenlandschaft. Sie liegt ganz nah zur offenen See des Skagerrak und die vielen Segelboote im Hafen zeigen, dass sie jederzeit bereit sind, das Meer bei Wind und Wetter zu erobern. Der malerische Ort ist bekannt für seine guten Fischrestaurants und für die Smögenbryggan, einem fast 1 Kilometer langen Holzsteg. Diese Promenade führt den Hafen entlang und zeigt uns die Schönheiten des Dorfes.

Auf keinen Fall versäumen sollte man den Vallevik-Badeplatz auf der Westseite der Insel. Auch wenn das Wasser der Nordsee sehr erfrischend ist, wärmt man sich nach dem Schwimmen auf den glatten Granitfelsbuckeln rasch wieder auf. Auch der Spaziergang über die Felsen zum Aussichtspunkt Kleven ist wunderschön, dahinter blickt man nämlich gleich auf die nächsten Inseln, so viele, dass man sie kaum zählen vermag.

TIPPS & INFOS

ANREISE: Um Smögen zu erreichen, fliegt man nach Göteborg und fährt dann mit dem Leihauto ca. 140 Kilometer und knapp zwei Stunden in nördliche Richtung. Die Region Bohuslän, zu der Smögen gehört, umfasst einen 280 Kilometer langen Küstenstreifen mit mehr als 8000 Inseln zwischen Göteborg und Norwegen.

KULTUR: Südlich von Smögen gibt es einen Skulpturenpark mit modernen Kunstwerken. Die weitläufige Anlage »Skulptur i Pilane« liegt bei Klövedal auf der Schäreninsel Tjörn und ist wirklich sehr beeindruckend. Direkt im Park gibt es auch noch ein uraltes Gräberfeld aus der Zeit um 600 n. Chr. mit Steinkreisen und Grabhügeln: www.pilane.org

WEBSEITE: www.vastsverige.com

Smögens bunte Holzhäuser am Hafen zieren so manchen Kalender (links). Windmühlen, Zeugen längst vergangener Zeiten, stehen auf Ödland (unten).

4 ÖLAND Endlose Strände und königliche Residenz

Sehr schmal, aber 160 Kilometer lang ist Ödland, die zweitgrößte Insel Schwedens, die seit 1972 durch eine Brücke mit dem nahen Festland verbunden ist. Auf Ödland leben 26.000 Einwohner, für schwedische Verhältnisse ist das fast dicht besiedelt. Verständlich, denn Ödland zeigt die Schönheit Schwedens auf einer relativ kleinen Fläche. Malerische rot-weiße Häuser in idyllischen Dörfern, saftiges grünes Grasland mit schwarzweißen Kühen, dazwischen duftende Wälder, Badhäuschen und herrschaftliche Sommervillen, lichte Birken- und Kiefernhaine, viele Windmühlen und einige Leuchttürme, uralte Steinkreise und Vogelschutzgebiete und vor allem fast 300 Kilometer Küstenlinie – auf Öland ist alles vorhanden für eine perfekte schwedische Auszeit. Lediglich Elche fehlen, dafür gibt es ungewöhnlich lange, weiße Strände, mit pudrigem Sand vor türkisfarbenem glitzerndem Wasser. Der längste, Böda Sand, liegt im Norden der Insel und zaubert einen Hauch karibisches Flair an die Ostsee. Im Sommer kann man dort sogar die schwedische Königsfamilie antreffen, denn die verbringt regelmäßig ihre Ferien hier. Ihre Residenz, das Schloss Solliden (www.sollidensslott.se) lässt sich besichtigen, es liegt unweit der Borgholm Ruine, ein weiter kultureller Höhepunkt auf der Insel. So hält sich Urlaub zwischen Strand und Erlebnis auf einer der schönsten Inseln Schwedens die Waage.

TIPPS & INFOS

NATUR: Im Süden Ölands liegt die steppenartige Landschaft Stora Alvaret auf einem kargen Kalkplateau. Ähnlich wie auf Almen in den Bergen wachsen hier auf den Magerrasen seltene Blumen und Pflanzen. Nur Kühe dürfen hier im Sommer grasen und sorgen damit für den Erhalt der wertvollen Kulturlandschaft, die seit 2000 unter dem Schutz der UNESCO steht. Dazu gehören auch die Reste alter Siedlungen, man hat Runensteine, Befestigungswälle und Steinreihen gefunden.
ÜBERNACHTUNG: Wer seinen Urlaub auf Öland plant und vorhat, seine Zeit nicht nur an den Stränden im Norden zu verbringen, der sucht sich sein Quartier in der Inselmitte. Die Entfernungen für Ausflüge sind ansonsten aufgrund der Nord-Süd-Ausdehnung zu weit. Grundsätzlich ist die Ostseite der Insel belebter, während die Westküste einsamer ist.
WEBSEITE: www.oland.se

Eine friesische Tasse Tee ist genau das Richtige nach einem langen windigen Strandspaziergang, die Teetassen im Museum Königspesel verlocken dazu (links). Königin der Halligen (rechts).

5 BIOSPHÄRE HALLIG

Besuch auf der Hallig Hooge

Die Halligen sind kleine, nicht oder nur wenig geschützte Marschinseln vor den Küsten, die bei Sturmfluten überschwemmt werden können. Sie sind – im Gegensatz zu einer Insel – mehrmals jährlich, meistens im Herbst und Winter, von der Nordsee überflutet. Bei dem Gedanken kann es einem schon etwas mulmig werden. Aber hier heißt es dann einfach »Land unter«. Während dieser Zeit ragen nur die Warften aus dem Wasser. Auf diesen künstlichen Erdhügeln bauten die Halligbewohner ihre Häuser, um vor der Sturmflut sicher zu sein. Eine davon ist die Hallig Hooge im Nationalpark Schleswig-Holsteinisches Wattenmeer. Sie besitzt einen Sommerdeich. Allerdings wird dieser bei einem Wasserstand von ca. 1,50 Meter über dem mittleren Tidenhochwasser ebenfalls überflutet.

Jedes Jahr im Frühjahr und im Herbst wird die Hallig von Millionen Zugvögeln aufgesucht. Dazu gehören auch die Ringelgänse, die hier wirklich zahlreich anzutreffen sind. Deswegen feiert die Hallig Hooge jedes Jahr im April und Mai die Ringelgans-Tage mit Wattwanderungen, Exkursionen, Vorträgen und Kinderveranstaltungen. Bei einer solchen Führung vom Fähranleger über die Hallig erfährt man viel über die Ringelgans und die Hallig. Aber man kann die Hallig auch auf eigene Faust erkunden und dabei die Ringelgänse beobachten. Die Ringelgans gehört übrigens zu den Flying Five im Weltnaturerbe Wattenmeer. Bis zu 50.000(!) Gänse rasten im Frühjahr auf den nordfriesischen Halligen und den umliegenden Wattflächen. Die Ringelgans lässt sich problemlos fast überall beim Fressen beobachten, oft auch aus geringer Entfernung. Trotzdem sollte man eine gewisse Distanz halten, damit die Tiere nicht nervös werden. Die Hallig Hooge kann man zu Fuß, per Fahrrad, mit Inlinern oder auch joggend umrunden. Es lohnt sich ein Besuch des Königspesels, einem kulturgeschichtlichen Museum mit vielen Kunstschätzen. Der »Pesel« ist dort der eindrucksvollste Raum, der mit holländischen, biblischen Fliesen und einer bemerkenswerten Decken- und Türenmalerei ausgestattet ist. In der Halligkirche aus dem 17. Jahrhundert finden man ein Kunstwerk des Flensburger Meisters Ringeling und auch ein Gestühl in typisch friesischen Farben.

»WASSER IST EINE SEHR KRAFTVOLLE SACHE. ES FLIEßT DURCH ALLE LÄNDER UND VERBINDET DIE GANZE WELT.«

August W. Booth

TIPPS & INFOS

KULTUR: Mehr über die Ringelganstage unter www.ringelganstage.de

ANREISE: Von Hamburg-Altona mit dem Regionalexpress RE 6 der NAH.SH nach Bredtstedt. Bahnhofsvorplatz Bredtstedt mit dem Bus zum Fährhafen Schlüttsiel. Fähre und Bus sind aufeinander abgestimmt. Von Strucklahnungshörn/Nordstrand, Hörnum auf Sylt oder von Wittdün auf Amrum fahren Dienstag bis Sonntag im März bis November die Adler Schiffe am gleichen Tag hin und wieder zurück.

WEBSITE: www.hooge.de

6 WANGEROOGE

Nostalgie und Natur pur

Auf der Strecke von Harlesiel nach Wangerooge sieht man vom Festland aus bereits den Westturm von Wangerooge. Aber die Nähe täuscht. Nachdem man mit der Fähre die Überfahrt geschafft hat, erreichet man im Westen den Anleger der Insel und die Inselbahn. Diese geht zurück bis ins Jahr 1897. Damals wurde die Strecke vom Fähranleger für Dampflokomotiven eröffnet, um Personen und Güter zu transportieren. Daran hat sich bis heute nicht wirklich etwas geändert. Deswegen muss man auch etwas Geduld mitbringen, ehe die Fahrt mit der kleinen nostalgischen Bahn beginnt. Denn schließlich werden erst alle Koffer, Fahrräder und der Nachschub vom Festland eingeladen. Da bleibt genügend Zeit, um am Fähranleger entlangzuspazieren und die tolle Aussicht zu genießen. Dann ist es so weit und es fühlt sich an, als ob man in einen Museumszug einsteigt. Die Sitze sind aus Holz und zwischen den Waggons findet man kleine Plattformen zum Stehen – im Freien versteht sich. Und wenn man genau hinsieht, entdeckt man sogar noch Hutablagefächer. Diese wurden tatsächlich für Hüte und nicht etwa für die Taschen gefertigt.

Dann setzt sich der kleine Zug in Bewegung und schuckelt gemächlich mitten durch die Salzwiesen. Es ist eine einzigartige und unglaubliche Fahrt, denn die Bahn scheint über die Salzwiese zu schweben. Und somit über eine atemberaubende Landschaftsform, in der man normalerweise Gefahr läuft, tief einzusinken. Salzwiesen sind eigentlich kaum begehbar und nur an wenigen Stellen Ostfrieslands kommt man überhaupt an dieses Naturwunder heran. Und hier fährt man einfach mittendurch. Enten und Seeschwalben fliegen auf und man kann sich an der Schönheit der Natur nicht sattsehen. Die Fahrt dauert leider nur 20 Minuten. Dann heißt es aussteigen. Aber auf der Ostfriesischen Insel gibt es noch so einiges zu entdecken. Wie wäre es gleich mit einer geführten Wattwanderung wieder Richtung Festland auf dem Weltnaturerbe Wattenmeer?

TIPPS & INFOS

KULINARIK: In Harlesiel am Außenhafen direkt am Nordseestrand befindet sich das Restaurant & Café Wattkieker. Auf Wangerooge im Café Pudding genießt man einen traumhaften Blick aufs Meer. In der Teestube gibt es eine gemütliche Teetied mit selbst gebackenen Kuchen. Eine leckere Kleinigkeit bekommen wir in der Fischbar. Mit kulinarischen Leckereien werden wir im Fischrestaurant Kruse und in der StrandLust verwöhnt.

ANREISE: Fährverkehr auf die Insel Wangerooge ist tidenabhängig. www.wangerooge.de

KULTUR: Ticket für die Inselbahnfahrt: www.siw-wangerooge.de, geführte Wattwanderungen: www.wangerooge.de

WEBSITE: www.wangerooge.de

Einsame Strände – wild und ursprünglich auf der autofreien Nordseeinsel Wangerooge (links). Entschleunigen auf der Zauberinsel Juist (unten).

7 JUIST Geliebtes Zauberland

Zauberland – Töwerland – nennen die Einheimischen ihr Eiland. Und in der Tat fühlt sich auf Juist alles etwas langsamer, ruhiger, reiner an. Die Nordseeinsel liegt als Teil der Ostfriesischen Inselkette mitten im UNESCO-Welterbe Wattenmeer, eingerahmt von Borkum und Norderney.

Sie hat viele Sehenswürdigkeiten und Ruhe zu bieten – und die Natur mit Dünen und Sandstrand ist tatsächlich zauberhaft! Das beginnt bereits bei der Anreise: Die Fähre verkehrt maximal zweimal am Tag, natürlich nur bei Hochwasser. Die Fahrt dauert ca. 1,25 Stunden und bei der Ankunft hört man nichts außer das Wellenrauschen, Möwengeschrei und den Hufschlag der Kutschpferde. Kein Auto- oder Motorradlärm, denn Juist ist komplett autofrei! Sie zählt zu den sonnenreichsten Orten Deutschlands, sodass man dieses »Juist«-Gefühl von Ruhe und Gelassenheit das ganze Jahr über genießen kann.

Zwischen Ost- und Westspitze zieht sich ein scheinbar endloser Strand mit feinstem weißen Sand und im Norden sieht man nur Wasser, Wolken – und absolute Weite. Obwohl es einige Sehenswürdigkeiten auf der Insel gibt, ist die tatsächliche Attraktion die Natur selbst! Um ihre Einzigartigkeit zu spüren, macht man am besten eine Wattwanderung. Ein besonderes Naturschauspiel ist das »Bill«, ein großes Sandriff am Westende von Juist, wo Wattenmeer und Nordsee zusammentreffen. Ein Eldorado für Vogelfreunde ist die Insel Memmert. Sie gehört zur Schutzzone 1 des Nationalparks Niedersächsisches Wattenmeer und das bedeutet: Betreten nur mit Ausnahmegenehmigung erlaubt – und die gibt es hier von August bis Oktober. Wer es doch etwas aktiver braucht, nimmt ein erfrischendes Bad in der Nordsee. Oder besucht den Hammersee, den Wasserturm, das Küstenmuseum oder die Seebrücke, bummelt über die Kurpromenade oder macht eine Radtour oder Wanderung. Die großen Sandbänke bieten besonders bei Ebbe ein grandioses Bild und sind ein einmaliges Erlebnis. Übrigens: Einfach am Strand liegen, die Wellen und Wolken beobachten und tief durchatmen ist natürlich auch okay!

TIPPS & INFOS

KULINARIK: Das Café Baumann ist die perfekte Mischung aus Café und Bistro. Im Loogster Stuv bekommen wir heimische Spezialitäten. Im Lütje Teehaus ist es wie in Omas Küche. Krabbenbrötchen gibt's im Juister Fischkehuus. Feinschmeckerküche erwartet uns im Danzer's Feines Achtern Diek. Das Friesisch Frech bietet traditionelle, ostfriesische Küche.

ANREISE: Juist Anreise zum Zielbahnhof Norddeich-Mole. Umstieg auf die Fähre.

SONSTIGES: Wattwanderung mit einem zertifizierten Wattführer, Kosten ab 9 Euro pro Person.

WEBSITE: www.juist.de

Der Schaufelraddampfer »Ludwig Fessler« verbindet stündlich Prien mit der Fraueninsel.

»GOTT VATER, DIR SEI DANK GEBRACHT, DU HAST DEN SEE SO SCHÖN GEMACHT, INMITTEN DEINER SCHÖPFUNG!«

(Grabinschrift auf der Fraueninsel).

8 DIE FRAUENINSEL

Das Kleinod im Chiemsee

Auf der Fraueninsel im Chiemsee, der kleinen idyllischen und romantischen Nachbarinsel der Herreninsel, betreten wir eine andere Welt und entfliehen in dem 1200 Jahre alten Kloster Frauenwörth der Hektik des Alltags. Die Insel Frauenchiemsee, wie sie eigentlich heißt, ragt bis zu 8 Meter über dem Seespiegel heraus und ist 12 Hektar groß. Mit über 50 Häusern und etwa 200 Einwohnern ist sie eigentlich sehr dicht besiedelt. Dabei bedeckt der Klosterbereich des Benediktinerklosters Frauenwörth mit dem Marienmünster und der einzigartigen Irmengardkapelle ungefähr ein Drittel der Gesamtfläche. Kunst, Tradition und Natur scheinen hier eindrucksvoll bewahrt geblieben und machen die Insel für uns zu einem Kleinod bayerischer Kultur und Lebensart. Ihr Wahrzeichen ist der freistehende Glockenturm beim Inselfriedhof mit einer Höhe von 36 Metern. Neben diesem Kampanile und dem Kloster sollten wir uns unbedingt die karolingische Torhalle, der älteste noch existierende Hochbau Süddeutschlands mit seiner Gemäldeausstellung anschauen und einen Inselrundgang machen. Der dauert nur ca. 30 Minuten. Dabei fühlen wir uns durch die landschaftliche Einzigartigkeit und das Inselflair von Töpfereien, Fischereibetrieben und malerischen Häusern wie in eine andere Welt versetzt. Es stört kein Autolärm, denn die Insel ist ganzjährig nur mit dem Schiff erreichbar.

An höchster Stelle der Insel, etwa in der Mitte, befindet sich der Lindenplatz mit der tausendjährigen Tassilolinde und der Kriegergedenkkapelle. Die Stirnseite der 1926 erbauten Kapelle ziert ein Gemälde des frühen Expressionisten und Chiemseemalers Hiasl Maier-Erding. Und viele Maler und Dichter wurden in ihrer Schaffenskraft von den blühenden und duftenden Blumen- und Kräutergärten der Insel beflügelt. So ist Frauenchiemsee eine der ältesten Künstlerkolonien in Europa (1828) und diente Malern wie Max Haushofer und Schriftstellern wie Ludwig Ganghofer und Ludwig Thoma als stilles Refugium. Romantik und Idylle pur verspricht übrigens eine Übernachtung. Denn wenn der letzte Dampfer abgelegt hat, können wir den traumhaften Sonnenuntergang in Ruhe genießen.

TIPPS & INFOS

KULINARIK: In der Nähe zum Hafen Gstadt befindet sich das Café-Restaurant Inselblick. Auf der Insel gibt es im Hotel-Café-Restaurant Zur Linde, Klosterwirt, Inselwirt und Inselbräu die leckeren Chiemseer Räucherfisch-Spezialitäten und bayerische Köstlichkeiten: www.cafe-inselblick.de; www.linde-frauenchiemsee.de; www.klosterwirt-chiemsee.de; www.hotel-inselwirt.de; www.inselbraeu-frauenchiemsee.de.

KULTUR: Chiemsee Schifffahrt ab Gstadt ab 9 Euro: www.chiemsee-schifffahrt.de; Kloster Frauenwörth: www.frauenwoerth.de; Insel Frauenchiemsee: www.chiemsee-inseln.de.

ÜBERNACHTUNG: unter www.chiemsee-alpenland.de

WEBSITE: www.chiemsee-inseln.de

Die Insel ist nicht groß,
der Campanile der Klosterkirche
weist immer den Weg.

9 SILBA Kleines Inselidyll des Zadar Archipels

Die Insel Silba ist ein kleines Inselidyll südlich der Insel Losinj im Norden der Region Dalmatien. Die etwa 15 Quadratkilometer große Insel gehört zum Inselarchipel von Zadar. Auf Silba gibt es wunderschöne Sand-, Kiesel- und Felsstrände. Die meisten Strände erreicht man gut zu Fuß über die schönen Wanderwege, die quer über die ganze Insel verlaufen. Da der Schutz der Natur an höchster Stelle steht, kann man in vielen Buchten, die meist aus Kiesel und Sand bestehen, noch herrliche natürliche Idylle mit kristallklarem Wasser und erholsamer Einsamkeit genießen. So auch der Hauptstrand der Insel. Er liegt an der Südseite und ist bekannt für seinen feinen Sand, der sich türkis im Wasser widerspiegelt. Die Bucht Nozdre ist etwas abgelegener und spaltet sich in zwei kleinere Buchten. Auf der einen Hälfte findet man ebenfalls herrlich feinen Sand der flach ins Wasser einläuft, der aber auf der anderen Seite in einen Kiesstrand übergeht. Die beliebteste Bucht ist die Bucht Pocukmarak mit ihren beiden Nachbarbuchten. An dem schönen Kieselstrand kann man das kristallklare Meer der Insel voll und ganz genießen. Obwohl die Insel sehr klein ist, gibt es ein paar Sehenswürdigkeiten, wie den Liebersturm Toreta, das sagenumworbene Wahrzeichen von Silba. Der Turm wurde im 19. Jahrhundert von einem Kapitän gebaut, der so seiner vermissten Liebe die Chance gab, täglich nach ihm Ausschau zu halten. Zentrum ist der Ort Silba. Die Pfarrkirche inmitten Silbas wurde 1850 geweiht und bildet den Start des Kreuzwegs, der aus sieben weißen Kapellen bis zur ältesten Kirche des heiligen Marko auf dem heutigen Friedhof führt.

Silba liegt eingebettet zwischen Mali Losinj und den Kornaten (unten). Als Baumaterial hat man auf den abgelegenen Inseln schon immer das verwendet, was die Natur einem schenkt (oben). Die Kornaten mit ihren zahlreichen Inseln sind ein Seglerparadies (rechts).

TIPPS & INFOS

AUTO-/PERSONENFÄHRE: Von Zadar aus, aber das Verlassen mit dem Auto ist nicht gestattet.

SONSTIGES: Wer Silba entdecken möchte, sollte sich zu Fuß auf große Inseltour begeben, um die Pflanzenvielfalt und die Sehenswürdigkeiten in aller Ruhe zu genießen. Naturgemäß gibt es im Hauptort Silba auch das meiste zu sehen. So auch der zentrale Hauptplatz mit seinen Obst- und Gemüseständen. Die Insel lebt vom Tourismus und der Bereitstellung von Unterkünften in privaten Wohnungen, Räumen und Ferienhäusern. Etwa 300 Einwohner leben auf der »autofreien« Urlaubsinsel.

WEBSITE: www.silba.org

10 NATIONALPARK KORNATEN

Atemberaubende Inselwelt

Der Archipel des Nationalparks Kornati in Kroatien umfasst insgesamt 89 Inseln und Riffe. Geografisch befinden sich die Inselgruppen zwischen der Insel Dugi otok und der Insel Zirje in der Region Dalmatien. Im Jahre 1980 wurde das Gebiet zum Nationalpark erklärt. Die atemberaubende Inselwelt ist geprägt durch das Naturschauspiel mit den unzähligen Inseln, Kronen und den herrlichen Buchten. Dabei ist die »Krone« ein Phänomen der Kornaten. Es ist die zum offenen Meer abfallende Steilküste. Sie sind durch eine tektonische Spaltung entstanden, durch die der äußere Teil der Inseln wegbrach und im Meer verschwand. Durch spätere Erosionsprozesse – mithilfe von Wind und Meeresströmungen – bildete sich eine Reihe von Kliffen, die das Archipel bis heute vor dem offenen Meer schützen. Ein weiteres Highlight ist die 9100 Quadratmeter große Felsplatte Magazinova Skrila, die vermutlich durch ein Erdbeben entstanden ist. Dabei ist die obere Kalksteinschicht entweder weggebrochen oder abgerutscht. Die seitlich geneigte Platte (zwischen 30 und 40 Grad) bietet mehrere Aussichtspunkte, wie z.B. Metlina, Otocevac, Opat, Vrujsko, Litnji vrh oder Ravni Zakan. Ruinen von kleinen quadratisch angelegten Wohnhäusern zeugen noch von der Besiedlung einzelner Inseln zu Zeiten der Illyrer. Überreste findet man auf den Inseln Scikat, Strazisce, Tureta und Grba. Auf den Inseln Kornat und Zut zeugen noch heute viele Grabhügel von der Besiedlung während der prähistorischen Zeit.

TIPPS & INFOS

SPORT & FREIZEIT: Das Labyrinth aus Inseln und Riffen ist ein wahres Paradies für alle Nautiker und Segler. Die atemberaubende Landschaft vom Boot aus zu betrachten ist definitiv eine Reise wert! Zudem besitzt der Nationalpark eine wunderschöne Unterwasserwelt, die man beim Tauchen oder Schnorcheln erkunden kann. Das Schnorcheln ist auf eigene Faust und ohne Anweisung erlaubt. Die größeren Inseln im Nationalpark sind außerdem wunderbare Destinationen zum Wandern und Trekking. Die Wege führen vorbei an den geologischen Phänomenen und schließlich zu den schönsten Aussichtspunkten der Inseln.

SONSTIGES: Man benötigt bei allen Aktivitäten ein gültiges Ticket für den Nationalpark.

WEBSITE: www.croatia.hr

11 SVETI STEFAN

Heiliger Stefan, es ist eine Hotelinsel!

Montenegros Vorzeigehotel ist nicht nur ein Luxushotel, es ist gleich eine ganze Insel. Die kleine Adriainsel Sveti Stefan, die ihren Namen von der darauf befindlichen Kirche Heiliger Stefan erhalten hat, ist keine zwei Hektar groß, aber genau das verleiht ihr den besonderen Reiz. Was früher ein Fischerdörfchen war, ist heute ein idyllisches Luxusresort, das durch eine Brücke mit dem Festland verbunden ist. Die exquisite Anlage gibt es schon seit den 1960-Jahren. Viele prominente Persönlichkeiten, wie das Model Claudia Schiffer, die niederländische Königin Juliana, die berühmte Filmdiva Sophia Loren, Monica Vitti oder Sylvester Stallone, gönnten sich in den edlen Suiten, den privaten Villen mit Pools oder im nahen Hotel Milocer, einst die Sommerresidenz von Königin Marija Karadjordjevic, eine Auszeit. Aber das feine Ambiente muss auch bezahlt werden können und das kann sich nicht jeder leisten (www.aman.com). Dazu kommen einigen Streitigkeiten zwischen der Hotelkette Aman und den Behörden, bei denen es um öffentliche Zugangsrechte auf die Insel und zu den Stränden ging, und deshalb ist das Hotel zurzeit geschlossen. Man muss aber nicht auf der Insel nächtigen, um die Schönheit der Gegend zu genießen. Die angrenzenden Strände am Festland sind ebenfalls ein Traum und öffentlich zugänglich. Den grandiosen Blick über die Adria auf Sveti Stefan gibt es dabei gratis – für jedermann.

TIPPS & INFOS

ANREISE: Sveti Stefan liegt südlich der Kleinstadt Budva in Montenegro. Die Insel und der gleichnamige Ort sind am einfachsten vom Flughafen Tivat sowie von den Flughäfen Podgorica oder Dubrovnik zu erreichen.

SPECIAL: Für das nahe Städtchen Budva lohnt sich ein Besuch. Sie gilt als eine der ältesten Siedlungen an der Adria und wurde erstmals 400 Jahre v. Chr. erwähnt. Die ummauerte Altstadt lag ursprünglich auch auf einer Insel. 1979 zerstörte ein Erdbeben die Idylle, aber der Stadtkern wurde, soweit es möglich war, wieder aufgebaut.

WEBSEITE: www.montenegro.travel

Einige der Häuser sind direkt an die Klippen von Sveti Stefan gebaut, das verspricht mehr Meer (links). Nein, nicht Karibik, sondern Ksamil (unten).

12 HALBINSEL KSAMIL Paradies am Balkan

Gegenüber von Korfu liegt die albanische Halbinsel Ksamil, zu der auch vier gleichnamige kleine Felseninseln gehören. Umspült von glasklarem, türkisfarbenem Wasser kann das Paradies kaum schöner sein. Die Inseln selbst sind unbewohnt, dort kann man nur mit dem Boot übersetzten oder hinüberschwimmen. Aber auch die Halbinsel Ksamil mit ihrem Hauptort steht nicht hintenan. Lori Plazhi, Bora Bora Plazhi, Plazhi Ksamilit, Poda Plazhi und Stela Plazhi, überall wo Plazhi, auf Deutsch »Strand", draufsteht, trifft man auf kristallklares Wasser und herrliche Strände. Und es sind nicht einfach nur irgendwelche Strände, nein! Die Rede ist von blendenden weißen Puderzucker-Sandstränden, die auf sonnenhungrige Badegäste warten. Verteilt auf mehrere Buchten findet hier jeder Urlauber sein kleines Paradies am Wasser. Überall kann man sich Sonnenliegen leihen und einige Bars und Restaurants sorgen für den kulinarischen Rahmen. Nicht umsonst wird diese Gegend als die Riviera Albaniens bezeichnet. Die Halbinsel ist durch den Butrintit See, einer Salzwasserlagune, vom Festland abgetrennt. Südlich dieses Sees beginnt der Nationalpark Butrint, der seit 1992 zum UNESCO-Welterbe zählt. Dort wartet nicht nur eine reiche Flora und Fauna auf die Besucher, sondern auch die antike Ausgrabungsstätte eines alten Amphitheaters, eine Kirchenruine aus dem 6. Jahrhundert oder die Ruinen einer venezianischen Burg (www. butrint.al).

TIPPS & INFOS

ANREISE: Entweder fliegt man nach Tirana und setzt seine Reise mit dem Mietwagen fort oder man fliegt über die griechische Insel Korfu und setzt mit der Fähre nach Saranda in Albanien über. Dort gibt es ebenfalls Leihautos nach Ksamil.

WICHTIG: Albaniens Strände bei Ksamil sind kein Geheimtipp mehr. Wer die Möglichkeit hat bereits im Mai oder Juni zu kommen, trifft zwar noch nicht auf badewannenwarmes Meerwasser, dafür ist es dann deutlich leerer und ruhiger als während der Hauptsaison.

WEBSEITE: www.albaniatravel.com

Urlaub auf Folegandros
heißt Entspannen
in schönster Atmosphäre.

13 FOLEGANDROS Ruhig und unberührt

Sie beeindruckt mit ihrer Schönheit und verführt mit ihrer ruhigen Art. Folegandros, die Insel der Kykladen in Griechenland, bedeutet Entspannen mit Blick auf die Ägäis. Bis vor ein paar Jahren war Folegandros noch ein gut gehüteter Geheimtipp im Herzen der Ägäis. Heute kennen mehr Leute die winzige, abgelegene Insel mit einem warmen Herzen und beruhigenden Lebensrhythmus. Die drei Dörfer Chora, Karavostrassis und Pano Media sind Symbole der städtischen und religiösen Architektur der Kykladen. Das Juwel von Folegandros und sein pulsierendes Zentrum ist die spektakuläre Chora, die sich auf einem Plateau am Rande einer Klippe befindet. Weiß getünchte Häuser mit bunten Fenstern, Bougainvilleen und Jasmine, welche die kleinen gepflasterten Gassen mit ihrem Duft erfüllen – Postkartenidylle in den schönsten mittelalterlichen Dörfern der Kykladen.

Sie bestechen mit vielen hübschen Plätzen, die von typisch kykladischen Kirchenfassaden und traditionellen Fischtavernen eingerahmt werden. Am Abend füllen sich die Tische nach und nach und das Dorf verwandelt sich in eine große Festgesellschaft. Sobald Musik erklingt, kann man mit den Einheimischen singen und wunderbare Freundschaften schließen. Tagsüber trifft man sich an den Stränden mit smaragdgrünem Wasser oder in den farbenfrohen Gassen der Altstadt wieder.

Oberhalb von Hora zieht sich ein weißer Zickzack-Linien-Pfad über den Hang bis zu einer besonderen Sehenswürdigkeit: die Kirche von Panagia. Der Weg sieht ziemlich weit aus, er kostet aber nicht allzu viel Anstrengung. Und die Mühe lohnt sich allemal. Da die Kirche eines der wenigen Exemplare ägäischer Kirchenarchitektur mit drei Kuppeln ist, sollte man die Gelegenheit der Besichtigung nicht verpassen. Im Inneren ist eine tragbare Jungfrauenikone ausgestellt, die an Fastentagen in einer Prozession durch die Dörfer der Insel getragen wird – ein bewegendes und beeindruckendes Spektakel. Und auch das Panorama ist phänomenal.

TIPPS & INFOS

ANREISE: Der bequemste Weg auf die Insel zu reisen, ist mit der Fähre von Athen aus. Das ganze Jahr über gibt es regelmäßige Fährverbindungen ab den Häfen Piräus und Lavrio bei Athen. Der nächstgelegene Flughafen ist auf Santorin.

SONSTIGES: Ob zu Fuß, mit dem Bus oder per Kaiki-Boot, die Strände Angali, Agios Georgios, Vardia, Livadaki, Hochlidia, Katergo auf Folegandros sind reizvoll und wunderschön. Das Wasser ist immer kristallklar, ob am Kieselstrand oder im goldenen Sand.

WEBSITE: www.myfolegandros.gr

Wunderschön: weiße Häuser vor dem blauen Himmel Griechenlands

PATMOS IST BEKANNT ALS DIE »INSEL DER OFFENBARUNG« UND »JERUSALEM DER ÄGÄIS«.

14 PATMOS Traumziel für Naturliebhaber

Patmos, das ist die geheimnisvolle Insel, die nur darauf wartet, entdeckt zu werden. Auf der Insel sind die Farben im grellen Licht der Sonne der Ägäis so stark, dass sie eine gewaltige Energie ausstrahlen. So verwundert es nicht, dass die wahre Schönheit mit ihren außergewöhnlichen und charmanten Buchten, traumhaften Küsten und atemberaubenden Landschaften einfach nur bezaubert. Die Hauptstadt der Insel mit den weiß getünchten Häusern, den gut erhaltenen Villen, Kopfsteinpflastergassen und wunderschönen Plätzen ist eines der schönsten Dörfer der Ägäis. Gekrönt wird sie von den gräulichen Mauern des großen Klosters. Das Kloster im Namen von Johannes dem Evangelisten wurde 1088 erbaut. Heute beherbergt es ein kleines Museum mit alten Manuskripten und einer Sammlung von Schmuckstücken. Die Klosterbibliothek besitzt über 3000 Bücher, ein Drittel davon sind Manuskripte, von denen viele nur in einer einzigen Kopie vorliegen. In der Nähe des Klosters befindet sich die nach Johannes benannte Höhle. Einer Legende nach empfing der Apostel in dieser Höhle die Offenbarung. Die dort erbaute Kirche steht auf der Liste der einzigartigen religiösen Denkmäler der Welt.

Aber Patmos besitzt auch eine interessante Küstenlinie: mit dramatischen Hängen, Untiefen direkt unter der Oberfläche, umrahmt durch vorgelagerte Inseln und erodierte Gesteinsschichten wie den denkwürdigen Kalikatsou-Felsen. Denn die Insel ist die zerklüftete Spitze einer vulkanischen Caldera, die sich unter Wasser nach Osten und Süden erstreckt. Neben interessanten Sehenswürdigkeiten ist die Insel aber auch für seine herrliche Natur bekannt. Auf wunderbare Strände folgen felsige Klippen und Haine. Hier kann man die Stille genießen, die nur gelegentlich von singenden Vögeln überdeckt wird. Bei Wanderungen auf dem Kasteli-Hügel in unmittelbarer Nähe der Chora kann man auf historische Entdeckungstour gehen. Denn auf diesem Hügel befinden sich wichtige archäologische Zonen. Forscher entdeckten die Ruinen einer alten Akropolis und viele andere antike Artefakte. Aber die Spitze des Hügels ist nicht nur wegen der historischen Sehenswürdigkeiten interessant: Sie bietet auch einen einzigartigen Panoramablick über die ganze Insel.

TIPPS & INFOS

ANREISE: Patmos verfügt über keinen Flughafen. Anreise ist nur mit den Fähren möglich.

ÜBERNACHTEN: Übernachten ist auf der Insel im Sommer nicht ganz billig. Sehr beliebt ist das Blue Bay Hotel.

SONSTIGES: Skala ist der Hafenort und die kleine Hauptstadt. Mehr als die Hälfte der Inselbewohner lebt in Skala. Dort findet man auch die meisten Tavernen und Zimmervermietungen. Er liegt an einer geografisch engen Stelle von Patmos, denn die Insel ist nur wenige Hundert Meter breit.

WEBSITE: www.patmos-island.com

Wie am Johanneskloster auf Patmos sind die griechisch-orthodoxen Kirchen in Griechenland gerne mit Glockentürmen bestückt.

15 SYMI Wahrer Schatz

Am äußersten Rand der Ägäis schlummert ein wahrer Schatz. Die Insel Symi ist architektonisch einzigartig und an mediterranem Charme kaum zu übertreffen. Sie liegt in der südlichen Ägäis unweit des türkischen Festlands und ist nur etwa eine Bootsstunde von Rhodos entfernt. Mit einer Gesamtlänge von etwa 12 Kilometer ist sie überschaubar und das Schmuckstück ist in ein paar Tagen zu erkunden.

Bereits bei der Einfahrt in den Hafenort Gialos wird man von bezaubernden Pastellhäusern empfangen, die sich wie an einer Kette aneinanderreihen. Seine verwinkelten Gässchen laden zu einem Spaziergang ein und vom Hang aus hat man einen traumhaften Blick auf den Ort, der von dort aus ständig seine Farben wechselt. Entlang des Ufers gelangt man zum anderen Ende von Gialos und zu der prächtigen Kirche Ekklisia Evaggelistria. Unterhalb der Kirche liegt der einzige Strand von Gialos, der Nos Beach. An der kleinen Bucht mit Kiesstrand gibt es einige Sonnenschirme und eine Strandbar, in der man nur wenige Tagestouristen trifft. Um die kilometerlangen weißen Sandstrände zu besuchen, sollte man sich einen fahrbaren Untersatz mieten. Ansonsten erreicht man die malerischen Strände mit Ausflugsbooten von Gailos, wie die versteckten Buchten Disalona oder Nanou. Natürlich ist ein Besuch in dem prächtigen Kloster Panormitis ein absolutes Muss. Im Inneren der Anlage befinden sich alte Säulengänge und die Kirche mit der berühmten Heiligenikone. Ebenfalls sehenswert ist das Kloster Agios Emilianos im Westen der Insel. Es liegt auf einer Landzunge direkt am Meer.

TIPPS & INFOS

KULINARIK & ÜBERNACHTUNG: Ein kulinarisches Highlight eines Symi-Aufenthalts ist definitiv die Taverne Haritomeni. Am Hang gelegen, hat man von der Terrasse einen großartigen Ausblick auf Gialos. Die Marea-Apartments liegen direkt am Hang von Gialos und man hat einen grandiosen Ausblick auf die Hafenbucht.

SONSTIGES: Tagsüber wird es sehr heiß. Im Sommer steigen die Temperaturen auf über 35 °C im Schatten. Unbedingt an Insektenschutz denken. Mücken gibt es nämlich sehr viele.

WEBSITE: www.griechenland.de/symi

Symi – wie ein perfekt gemaltes Bild eines traditionellen griechischen Dorfes.

16 ZYPERN Insel der schönsten Strände – Pissouri Beach

Die Bucht von Pissouri liegt 30 Kilometer westlich von Lemesos, auf halbem Weg zwischen Lemesos und Pafos. Der Strand besteht aus feinem, goldenem Sand und bunten Kieselsteinen und das saubere Wasser ist relativ ruhig, kristallklar, aber erstaunlich türkisfarben. In Küstennähe ist es tief, aber der Boden ist ziemlich felsig. Die Umgebung wird durch die spektakulären weißen Klippen von Kap Aspro (»Kap weiß«) auf beiden Seiten verzaubert und macht diesen Küstenabschnitt zu einem der malerischsten der Insel.

Der Zugang zu Pissouri ist wie überall auf Zypern kostenlos. Von April bis Oktober gibt es eine Überwachung von Seerettern, die täglich von 10 Uhr morgens bis 6 Uhr abends für Sicherheit sorgen. Alle grundlegenden Annehmlichkeiten wie Toiletten, Umkleidekabinen und Duschen befinden sich im zentralen Teil des Strandes, während seine westlichen und östlichen Enden praktisch unberührt bleiben.

Das westliche Ende der Bucht führt zur Landzunge Asprorotsos (»weißer Fels«), die aus dem Meer herausragt. An seinem Ende befinden sich kleine, sandige Buchten. Die Aussicht von der Spitze ist spektakulär und man kann auch einen Blick auf die wilden Vögel werfen, die die Gegend besuchen, darunter auch Falken. Der Strand wird übrigens auch oft als Brutplatz von Meeresschildkröten genutzt. Jenseits von Cape Asprotos, im östlichen Teil der Bucht, gibt es kleine Sandbuchten, in denen sich Nudisten am liebsten entspannen. Sie sind durch eine Ansammlung riesiger Felsbrocken zuverlässig vor neugierigen Blicken verborgen.

TIPPS & INFOS

KULINARIK & SONSTIGES: In der Umgebung von Zypern gibt es eine Vielzahl von Restaurants, Cafés, Kiosken und Geschäften. Das Dorf Pissouri selbst ist ebenfalls einen Besuch wert und hat sich seinen charmanten, traditionellen Charakter bewahrt.

IDEALE FERIENZEIT: Die Ferienzeit beginnt in Zypern Ende April, wenn sich das Wasser im Meer so erwärmt, dass man sich beim Schwimmen wohlfühlt. Juni ist der angenehmste Monat: Die Temperatur ist angenehm bis zu 26 bis 30 °C, die Meeresbrise frisch und straff.

WEBSITE: www.visitcyprus.com

In Sichtweite zum Festland liegt die Insel der Fischer im italienischen Lago Maggiore (unten). Von der Piazza Motta kann man direkt auf den Ortasee blicken (rechts).

17 ISOLA DEI PESCATORI

Klein, fein und absolut Oho!

Die Isola dei Pescatori liegt im Lago Maggiore in der italienischen Region Piemont. Sie gehört zu den Borromäischen Inseln und ist neben der Isola Bella und der Isola Madre das bekannteste Eiland dieser winzigen Gruppe. Die »Insel der Fischer« wird auch »Superiore« genannt, womit man gleich auf »super« oder »genial« schließen könnte. Aber das bedeutet nur die »obere Insel«. Super ist die Insel trotzdem und das allein schon, weil sie seit dem 14. Jahrhundert dauerhaft bewohnt ist. Auf der Insel schmiegen sich die kleinen malerischen Fischerhäuser eng aneinander, gerade einmal zwei Gassen trennen die Hauswände. In vorderster Front führt eine Seepromenade rund um das Ensemble. Selbst wer sich Zeit lässt, braucht für die Inselumrundung höchsten 30 Minuten. Aber einige gute Fischrestaurants bremsen die Besucher bei der Besichtigung aus. Das beste an der Insel sind jedoch die beiden Hotels. Denn erst wenn es Abend wird und die vielen Tagesgäste wieder auf das Festland zurückgekehrt sind, offenbart sich der ganze Reiz der Insel. Die kleinen Fischerboote liegen fest vertäut im winzigen Hafenbecken und als Hotelgast teilt man sich nun das romantische Eiland mit gerade einmal 50 Einwohnern. Diese Ruhe in Kombination mit der Insel ist eine Wohltat und ideal, um der Hektik des Alltags zu entrinnen.

TIPPS & INFOS

KULTUR: Gegenüber der Isola dei Pescatori liegt die Isola Bella mit ihren bezaubernden Gärten. Sie wurden als Barockgarten über mehrere Terrassen gebaut und gehören zum Palazzo Borromeo. Ein Spaziergang durch dieses Paradies ist eine Orgie für die Sinne mit duftenden Blüten und immerwährenden Ausblick auf den See: www.isoleborromee.it

ANREISE: Die Inseln liegen am Westufer des Lago Maggiores unweit von Stresa. Von Stresa und von Baveno legen täglich Boote auf die Insel ab. Es gibt öffentliche Schiffe und private Bootstaxis. Zum Übernachten eignet sich das Hotel Il Verbano (www.ilverbano.com) mit gerade einmal 12 Zimmern oder das elegantere Albergo Belvedere (www.belvedere-isolapescatori.it).

WEBSEITE: www.derlagomaggiore.de

»LAGO MAGGIORE, DU BIST MEIN FREUND,
DU HAST SO OFT SCHON PÄRCHEN VEREINT.
ALL´ MEINE SEHNSUCHT IN DIESER SOMMERNACHT
IST BEI DEM EINEN, AN DEN ICH SO GEDACHT.«

Conny Froboess, Songtext Peter Ström

18 ORTASEE Friedvolle Isola di San Giulia

Imposante Villen, verträumte Dörfer und Heilige Berge treffen auf die raue Schönheit der Natur: So lässt sich der Ortasee beschreiben. Er ist der westlichste See im oberitalienischen Seenreigen und liegt in der Region Piemont. Lang und schmal dehnt er sich von Nord nach Süd auf 13 Kilometer aus. Sanfte Hügel, mit alten Buchen- und Kastanienwäldern trennen den Ortasee zum Lago Maggiore. Die andere Uferseite ist ebenfalls dicht bewaldet, aber die Berge steigen steiler an, denn im Westen folgen bald die höchsten Berge der Alpen. Zwischen dem Ortasee und den über 4000 Meter hohen Gipfeln des Monte Rosa liegen keine 45 Kilometer. Einer der schönsten Plätze am See ist die Halbinsel mit dem Dörfchen Orta San Giulia am Ostufer. Alle Treppen und Gassen münden in der Piazza Motta, die malerisch an Originalität kaum zu überbieten ist. An drei Seiten gesäumt von Palazzis mit Arkadengängen gibt die vierte Seite den Blick auf den Ortasee frei. Dort taucht nach einigen Hundert Metern die Isola San Giulio aus den Fluten. Mit ihrer romanischen Basilika und den Klostermauern wirkt sie nah und gleichzeitig entrückt. An Land herrscht ausgelassener Trubel in den Cafés und Restaurants, doch auf der Insel scheint die Zeit stehengeblieben zu sein. Jetzt nur noch in eines der Boote steigen, die Überfahrt genießen und dann der Inselatmosphäre spüren.

TIPPS & INFOS

ANREISE: Auf der Isola San Giulia wohnen nur Einheimische, es gibt keine Hotels oder Pensionen, außer man kann es sich leisten, eine ganze Villa zu mieten. Neben dem alten Kloster und der Kirche gibt es nur einige Villen und Restaurants auf der Insel, zu der man täglich mehrmals ab der Piazza Motta im Dorf Orta San Giulio übersetzen kann. Besser ist es, sich für eine Auszeit am Festland ein Zimmer zu buchen.
KULTUR: Auf der Halbinsel San Giulia erhebt sich der Sacro Monte d'Orta, einer der Heiligen Berge in der Lombardei und im Piemont, die zum UNESCO-Welterbe zählen. 20 Kapellen wurden zwischen 1590 und 1788 zu Ehren des heiligen Franziskus mit lebensgroßen Terracotta Figuren ausgestattet. Sie liegen inmitten eines Naturparks.
WEBSEITE: www.visitaltopiemonte.com

Antike Kultur, smaragdgrünes Meer, unberührte Natur und tolles Essen auf Sardinien (links). Die eigenwillige Kirche Stella Maris in Porto Cervo an der Costa Smeralda (rechts).

19 SARDINIEN Für immer im Herzen

Sardinien liegt im westlichen Mittelmeer. Die Insel ist umgeben vom Sardischen und Tyrrhenischen Meer und sie ist nach Sizilien die zweitgrößte Insel Italiens. Ihre Geschichte ist über 6000 Jahre alt und man kann über 3000 Jahre alte Ausgrabungen auf der Mittelmeerinsel bewundern. Zahlreiche Ausgrabungen aus der Bronzezeit, wie z. B. prähistorische Gigantengräber, Feengräber, megalithische Gräber und Bauten, machen Sardinien zu einem historisch wertvollen Urlaub. Aber auch Wanderungen im Landesinneren sind ein unvergessliches Erlebnis.

Zudem trägt sie ihren Namen »Smaragdküste« absolut zurecht: Denn tiefgrün bis türkisfarben leuchtet das Meer an feinen Sandstränden. Dahinter liegt das Hügelland mit seiner dunklen Macchia und den leuchtend weißen Granitfelsen. Sardinien bietet nicht nur landschaftliche Vielfalt mit weißen Sandstränden, einsamen Buchten umgeben von roten Granitfelsen, sondern auch idyllische Bergdörfer und die mediterrane Freundlichkeit der Sarden.

Cagliari ist Sardiniens lebendige Hauptstadt am Meer und eine der schönsten Ecken Sardiniens. Hier pulsiert Sardiniens Lebensfreude in allen Facetten. Die Inselhauptstadt bezaubert mit verwinkelten Gassen, großer Architektur und ihrer traumhaften Lage. Cala Sinzias hingegen ist ein Strand der Superlative: Leuchtendes Weiß, kristallklares Wasser und kräftiges Grün entfalten ein bezauberndes Farbenspiel. Zwischen Monte Macioni und Sant'Elmo erstreckt sich die ruhige und immer noch urwüchsige Gegend, die noch als Geheimtipp auf Sardinien gilt. Porto San Paolo liegt besonders idyllisch im Nordosten Sardiniens, in der Nähe von Olbia. Der Ort fasziniert mit traumhaften kleinen Buchten und einem abwechslungsreichen Hinterland – ideal für Wanderer. Eine beeindruckende Landschaft bieten zudem die Inseln Tavolara und Molara, die man in 10 Minuten erreicht. Auch Portobello ist eine Oase der Ruhe. Der exklusive Ferienort an der Nordspitze der Insel ist ein Zusammenschluss von 200 hochwertigen Villen in einem Landschaftsschutzgebiet. Er liegt gegenüber von Korsika und bezaubert mit traumhaften Stränden und der unberührten Natur der Gallura.

SARDINIEN IST DAS PURE SÜẞE LEBEN, DOLCE VITA IN REINSTER FORM!

TIPPS & INFOS

SPRACHEN: Trotz seiner Zugehörigkeit zu Italien gibt es auf Sardinien eine eigene Sprache mit vier unterschiedlichen Dialekten: logudoresisch, nuoresisch-barbaricinisch und campidanesisch. Daneben gibt es das Galluresische und den Dialekt von Sassari, eine Verschmelzung des logudoresischen Sardisch mit italienischen Einflüssen, sowie der Dialekt von Alghero, der dem Katalanisch sehr verwandt ist.

ANREISE: Mit dem Flugzeug ist Sardinien entweder bis nach Cagliari (Süden), Alghero (Nordwesten), Tortolì (Osten) oder Olbia (Norden) in wenigen Stunden zu erreichen. Fähren gehen ab Genua, Civitavecchia, Piombino oder Livorno über Nacht oder am Tag nach Nordsardinien zu den Häfen Olbia, Porto Torres oder Golfo Aranci oder in den Süden und Südosten nach Cagliari bzw. Arbatax.

WEBSITE: www.sardegnaturismo.it

Prozession zum Gedenken an Procidas Schutzpatron, den Erzengel Michael

»JEDER TAG AM WASSER IST EIN GUTER TAG.«

20 PROCIDA Die Unbekannte

»Wenn bei Capri die rote Sonne im Meer versinkt …«, ist man sicherlich nicht allein, um den Sonnenuntergang zu genießen. Vico Torriani besang die italienische Insel im Golf von Neapel. Aber Capri war schon damals genauso wie ihre Nachbarinsel Ischia weltbekannt. Wer es ruhiger und ursprünglicher mag und einen Platz zum Abschalten sucht, reist auf die dritte Insel im Kampanischen Archipel: Procida. Es ist Liebe auf den ersten Blick. Wer mit den Tragetthi oder Aliscafi von Neapel übersetzt, landet im Hafen auf der Nordseite von Procida. Die Insel ist, obwohl sie dicht bewohnt ist, doch sehr klein, sodass es nur einen Ort gibt, und der nennt sich schlicht und einfach Procida. Schon von der Fähre aus bewundert man die sich aufbauenden Häuserfassaden rund um das Hafenbecken, in dem viele Fischerboote schaukeln. Ab hier geht es zu Fuß oder mit den Minibussen, die über die Insel fahren, weiter. Die kann man sich jedoch sparen, denn es liegt alles in Reichweite. Wer der Via Vittorio Emanule folgt und dann in die Via Principe Umberto abbiegt, gewinnt ein paar Höhenmeter und quert die Insel hinüber auf die Südseite in die Bucht Marina di Corricella. Spätestens beim Anblick der malerischen Bucht mit ihrem türkisfarbenen Wasser und den vielen bunten verschachtelten Häuser von Terra Murata ist es um einen geschehen. So und nicht anders fühlt sich Italienliebe an. Es riecht nach Kräutern und nach gegrilltem Fisch, weiße Wäsche flattert an den Hausfassaden und Möwen kreischen in der Luft. Hier will man gerne bleiben und für ein paar Tage den Alltag vergessen. Gut, dass es ein paar kleine Hotels und genügend Restaurants gibt, die den Urlauber verwöhnen. So bleibt Zeit, die ganze Insel zu erkunden. Ein Spaziergang zur Zitadelle hinauf, die zuletzt als Gefängnis benützt wurde, und zur Abbazia San Michele und der kleinen Kapelle ist ein echtes Highlight. Ein weiterer Spaziergang führt zu einigen schönen Stränden. Der schönste liegt ganz im Süden unweit des Yachthafens, wo eine Brücke die Insel Vivara, ein Naturschutzgebiet und Vogelparadies, mit Procida verbindet. Spätestens bei Sonnenuntergang, wenn die Fischer auf Meer hinausziehen, der kühle Weißwein schmeckt und die Lichter der Stadt im Wasser glitzern, weiß man: Procida ist Liebe – für immer.

TIPPS & INFOS

KULTUR: Die malerische Insel Procida wurde schon in den 60er-Jahren von Hollywood entdeckt und diente mehrmals als Filmkulisse. So kann man auf Themenwegen den Drehorten von Filmklassikern wie z.B. »Der talentierte Mr. Ripley« mit Mat Damon oder die Geschichte rund um Pablo Neruda »Der Postman« im Original »Il Postino« nachspüren.
ANFAHRT & ÜBERNACHTEN: Mit dem Zug oder dem Flugzeug geht es nach Neapel, vom Hafen verkehren mehrmals täglich Fähren nach Procida. Eine tolle Bed&-Breakfast-Adresse zum Übernachten ist das Hotel »La Casa sul Mare«. Wie der Name schon sagt, mit Blick auf die Bucht und auf die bezaubernde Terra Murata. Ein gutes Frühstück gibt es obendrein: www.lacasasulmare.it
WEBSEITE: www.visitprocida.com

Bunte Häuser, übereinander
gebaut und verschachtelt,
das ist der Ortsteil Corricella.

Die Bucht Palombaggia: Ideal für Freunde schöner Natur, glasklarem Wasser und traumhafter Strände (links). Fernab von Massentourismus lässt sich auf Menorca intakte Natur, Geschichte und Tradition mit dem typischen Flair Spaniens erleben (rechts).

21 KORSIKA Französische Trauminsel

Korsika, die französische Trauminsel im Mittelmeer, besticht mit einer Mischung aus eleganten Küstenorten, dichtem Wald und zerklüfteten Gipfeln. Allerdings gehört fast die Hälfte der bergigen Insel zu einem Park mit einzigartigen Wanderwegen. Dazu gibt es kilometerlange Sandstrände, feine Steinstrände und kleine Badebuchten. Die Strände reichen vom belebten Pietracorbara bis hin zu den abgelegenen Saleccia und Rondinara.

Während fast die ganze Westküste Korsikas dem Wind und den Wellen des Mittelmeers ausgesetzt ist und man dort auf raue felsige Küstenabschnitte trifft, eignet sich die Ostküste ideal zum Baden. Der beliebteste und auch einer der schönsten Strände ist der Palombaggia mit seinen roten Steinfelsen am schneeweißen Strand. Calvi ist der ideale Strand für Familien, da er flach abfällt und eine gute Infrastruktur bietet. Wer hingegen die Einsamkeit sucht, besucht den Saleccia. Er liegt mitten im Naturschutzgebiet und ist nur über unbefestigte Schotterpisten erreichbar. Mit fast 100 Kilometer ist der Ghisonaccia ewig lang. Wassersportfans fühlen sich am Santa Guilia mit seinem feinen Sand und türkisfarbenen Wasser am wohlsten. Aber auch der Rondinara und Algajola ist für aktive Urlauber geeignet. Wer es bunt mag, besucht den Argentelle. Dort schimmern die glatten und runden Steine in der Sonne in allen erdenklichen Farben. Auch ein herausragender Strand ist der Pinarello. Er ist von Kiefern gesäumt und es riecht wunderbar. Einer der Malerischsten ist der Roccipana. Hier findet man sich in einer halbmondförmigen Bucht wieder, die einst auch als Piratenbucht bekannt wurde. Übrigens gehört Korsika seit 1768 zu Frankreich, hat sich jedoch immer noch eine charakteristisch italienische Kultur bewahrt.

TIPPS & INFOS

SEHENSWÜRDIGKEITEN: In den Städten auf Korsika finden sich viele Sehenswürdigkeiten. Highlights sind Bonifacio mit seiner besonderen Altstadt, Ajaccio mit seinem mediterranen Flair, Corte mit seiner Zitadelle aus dem 15. Jahrhundert oder Filitosa mit seiner archäologischen Ausgrabungsstätte.

REISEZEIT: Jede Jahreszeit ist ideal, um Korsika zu besuchen. Im Sommer locken die vielen schönen Strände, im Herbst kann man immer noch baden und wunderbare Wanderungen unternehmen. Der Winter ist sehr ruhig und es sind kaum Touristen auf der Insel. Es gibt drei Skigebiete und auch Langlauf ist möglich. Im Frühling steht Korsika in voller Blüte. Herrliche Küstenwanderungen mit schönem Blick auf die schneebedeckten Gipfel sind möglich.

WEBSITE: www.korsika.com

22 MENORCA Entspannung im Paradies

Was wie die Karibik aussieht, liegt aber nur ein paar Flugstunden entfernt: Menorca. Sie wird bei der Reiseplanung oft von ihren Schwesterinseln Mallorca, Ibiza und Formentera abgehängt. Aber sie muss sich wahrlich nicht verstecken! Die nördlichste und zugleich auch östlichste Insel der Balearen überrascht mit kristallklarem Wasser, weißen Sandstränden und romantischen Altstädten.

Zudem strotzt die Schönheit nur so vor traumhaften Stränden und türkisfarbenen Buchten. Gerade im Süden findet man nahezu hinter jeder Kurve eine neue Bucht, die man nach einem mehr oder weniger beschwerlichen Fußweg erreichen kann. Aber: Je anstrengender der Weg, desto einsamer die Bucht. Manche Strände sind allerdings so versteckt, dass man sie nur über das Wasser erreichen kann, wie zum Beispiel der Cala Escorxada oder Cala Fustam. Die Einheimischen kennen immer noch die besten geheimen Orte, deswegen am besten eine Bootsfahrt machen.

Zudem laden zahlreiche kleine Orte und Dörfer dazu ein, herumzuschlendern und vom Café aus dem Treiben auf den Märkten zuzuschauen. Sehr zu empfehlen ist eine Sightseeingtour durch Mahón. Am besten erkundet man die Inselhauptstadt an einem Markttag. Am Fischmarkt Mercado de Pescados bekommt man dann nämlich nicht nur frische Meeresfrüchte, sondern auch leckere Tapas. Ciutadella im Westen Menorcas ist ebenfalls ein echter Hingucker. Besonders sehenswert sind die Paläste am Plaça des Born und die Kathedrale Santa Maria de Ciutadella. Wenn man kleine, verwunschene Fischerdörfer mag, dann sollte man Binibèquer Vellim Südosten der Insel besuchen. Es ist ein kleiner ruhiger Ort mit weiß getünchten Häusern und engen Wegen und Straßen.

TIPPS & INFOS

AKTIVITÄTEN: Alle Naturliebhaber und Wanderfans dürfen sich den Cami de Cavalls, den sogenannten Weg der Pferde, nicht entgehen lassen. Man wandert auf dem gleichen Weg, der früher von Soldaten Tag und Nacht auf Pferden beritten wurde, um die Insel vor Feinden zu schützen. Auf einer Länge von ca. 180 Kilometern wird man einmal um die ganze Insel herumgeführt, immer an der Küste entlang. Besonders angenehm sind die Temperaturen für diese Wanderung im Frühling. Zudem hat man ein wunderschönes Panorama durch die Mandelblüte.

KULINARIK: Auf der Insel darf man den Eintopf Caldereta und Oliaigua, das bekannteste Gericht der menorquinischen Küche, nicht verpassen. Zudem ist der der Käse von Mao, Queso mahonés, der Gin Xoriguer und das süß oder salzige Formatjada ein Probieren wert.

WEBSITE: www.menorca.es

Gigantische Aussichten gibt es auf Madeira zur Genüge (links). Die Casas de Colmo in Santana sind typische strohgedeckte Häuser und ein schönes Fotomotiv (rechts).

23 MADEIRA Insel des ewigen Frühlings

Madeira gehört zu Portugal, auch wenn es näher an Marokko liegt als an Lissabon. Auf der grünen Vulkaninsel im Atlantik herrscht das ganze Jahr über Frühling. Das milde Klima schätzte schon Kaiserin Elisabeth von Österreich, die im Volksmund liebevoll »Sisi« genannt wird. Gleich zweimal verbrachte sie mit einem Hofstaat von mehr als 100 Personen die Wintermonate in der Quinta Vigia in Funchal, der Hauptstadt der Insel und genoss den ewigen Frühling. Diese angenehmen Temperaturen schätzen alle Madeira Reisende, kalt wird es nie, auch wenn sich das Wetter je nach Inselseite auch sehr wechselhaft zeigen kann.

Funchal liegt auf der trockeneren und sonnigen Südseite. Die Hauptstadt zeigt die koloniale Vergangenheit der Insel. 1418 wurde sie von Joao Zarco entdeckt. Kurz darauf machte der Zucker die Insel richtig reich. Man sprach vom weißen Gold, das man mit dem Zuckerrohranbau verdiente. Noch heute wird Zuckerrohr im April und Mai geerntet und in Porto Cruz auf der Nordseite weiterverarbeitet, u.a. zu bestem Madeira Rum. Funchal ist aber auch bekannt für seine schönen Prachtgärten und Parks, wie der Palheiro Garden oder der Jardim Botânico da Madeira. Wie aus einem Füllhorn hat die Natur hier Blumen ausgesät, alles duftet und blüht, es ist einfach unglaublich. Aber das ist nicht nur in den feudal angelegten Gärten so. Bei einer Fahrt ins Hinterland entdeckt man links und rechts der Straße Hortensien, Agapanten und Strelitzien, die hier wie Unkraut wuchern. Madeira macht seinem Spitznamen »Blumeninsel« alle Ehre.

Auf Madeira kann man übrigens auch hervorragend Wandern. Beliebt sind die Touren entlang der künstlich angelegten Levadas. Diese alten Bewässerungskanäle bringen das Wasser aus dem regenreichen Landesinnern zu den Feldern in Küstennähe und verlaufen meistens eben, trittsicher und schwindelfrei sollte man jedoch sein. Anspruchsvollere Touren starten oder enden an den höchsten Gipfeln der Insel, den Pico Ruivo, Pico do Areeiro oder dem Pico Grande. Auf keinen Fall sollte man die Hochebenen im Landesinneren versäumen, z.B. den Feenwald. Das ist ein uralter Lorbeerwald mit knorrigen windschiefen Bäumen, die im Nebel des Atlantiks geradezu mystisch wirken.

»MADEIRA – MEIN FRÜHLINGSTRAUM IM WINTER.«

August Everding

TIPPS & INFOS

SCHWIMMEN: Madeira ist keine Insel für einen Badeurlaub. Es gibt nur ganz wenige Strände im Süden, die ganze Nordküste präsentiert sich rau und mit Steilklippen und erinnert eher an Schottland. Typisch sind jedoch die natürlichen Freibäder von Porto Moniz oder Seixal. Diese Schwimmbecken liegen etwas geschützt hinter Felsen und werden von den Wellen des Atlantiks gefüllt.

KULINARIK: Bunt wird es in der Altstadt von Funchal. Nicht nur die Häuser sind in Pastelltönen getüncht, auf dem Mercado dos Lavradores zeigt sich die Farbenpracht der Natur. Hier werden Blumen, Gemüse und Obst, darunter viele exotische Früchte verkauft. Fast alles wurde auf Madeira geerntet. Geschmackstechnisch ein Gedicht, das alles so frisch und reif zu bekommen.

WEBSEITE: www.visitmadeira.com

Vom Aussichtspunkt Mirador de Abrante blickt man zum Vulkan Teide auf der Nachbarinsel Teneriffa.

»DIE FREIHEIT IST WIE DAS MEER. EINZELNE WOGEN VERMÖGEN NICHT VIEL, ABER DIE KRAFT DER BRANDUNG IST UNWIDERSTEHLICH.«

Vaclav Havel

24 LA GOMERA Die wilde Insel im Atlantik

Jede siebte Welle soll, so sagt man, größer sein als die anderen. Davon merkt man an den Felsen des Playa de Valle Gran Rey jedoch nichts. Eine riesige Welle nach der anderen wird vom Atlantik mit unvermittelter Kraft gegen den Strand geschleudert. Sie zerbricht sich in einem weißen Schwall und hinterlässt eine von Salz geschwängerte Luft. Der Ozean macht schon mal klar: Auf dieser Insel zeige ich mich von meiner wilden Seite. Aber auch alle anderen Elemente in der Natur kennen hier keine Sanftheit. Eindeutig: La Gomera ist die wildeste Insel unter den Kanaren.

Dabei ist jede der sieben spanischen Kanareninseln einzigartig. Aber La Gomera, nach El Hierro die zweitkleinste Insel, ist etwas Besonderes. Die Insel mit ihrer vulkanischen Landschaft lässt vor allem das Herz von Wanderern höherschlagen. Unberührte Natur, dunkle Strände, karge Berge, fruchtbare Täler, dichte Wälder und sonnige Uferstreifen: La Gomera präsentiert sich vor allem vielseitig.

Die Nordküste der Insel ist dank der feuchten und nie endenden Passatwinde grün und überaus fruchtbar. Hier liegen die Gemeinden Hermigua mit ihren weißen Häusern und den grünen Terrassenplantagen, der Strandort Vallehermoso, ein Zentrum für den Anbau des Miel de Palma, einem Palmsirup, und die kleinen ursprünglichen Dörfer Alojera und Agulo. Der große Nationalpark Garajonay trennt die Insel von der Südseite. Hier ist der Himmel fast immer wolkenlos, die Sonne scheint den ganzen Tag und nur selten gibt es ein paar Regentropfen. Zum Sonnenbaden und Entspannen ideal, dafür besucht man die schwarzen Vulkansandstränden wie Playa de Santiago, Valle Gran Rey oder Playa del Inglés. Letzterer ist ein 300 Meter langer Strand, berühmt für die schönsten Inselsonnenuntergänge. Beliebt bei Hippies und Aussteigern, die hier fast jeden Abend singen, trommeln oder Feuershows gestalten. Aber natürlich gibt es noch unendlich viel mehr Buchten und Strände für einsame Stunden am Wasser, wobei Schwimmen aufgrund von Strömungen und tosenden Wellen nicht überall ratsam ist. Auf besonders intensive Weise lernt man La Gomera jedoch bei Wanderungen kennen. Die Insel ist überzogen mit einem weitverzweigten Netz an alten Verbindungswegen. Damit erreicht man imposante Felsmassive, tiefe Schluchten oder den mystischen Nebelwald, den größten Lorbeerwald der Welt, der, wie der Rest der Insel unter dem Schutz der UNESCO steht.

TIPPS & INFOS

NATUR: Vor der Küste von La Gomera schwimmen fast das ganze Jahr über Wale und Delfine. Wer sie in freier Wildbahn beobachten möchte, kann in Vueltas, dem Hafen von Valle Gran Rey oder auch von Playa de Santiago mit einem Boot zum Whale Watching starten. Eine weitere Attraktion auf der Insel sind die vielen Aussichtspunkte, die Miradores, die Besuchern oft schwindelerregend gigantische Blicke über die Insel schenken.

ANREISE: La Gomera besitzt einen kleinen Flughafen, der nur für lokalen Verkehr genutzt wird. Touristen reisen über den internationalen Flugplatz Teneriffa an und dann weiter mit der Fähre. Sie braucht etwas über eine Stunde und legt in San Sebastian auf La Gomera an. Für die Eroberung der Insel empfiehlt sich ein kleines Leihauto, denn die Straßen sind schmal und kurvenreich.

WEBSEITE: www.lagomera.travel

So schön wandert man im Nebelwald des Nationalparks Garajonay von La Gomera

São Jorge mit seinen schwarzen Stränden vulkanischen Ursprungs (links). Die Altstadt Vila Franca Do Campo auf São Miguel – große Vielfalt auf kleinem Raum, die zahlreiche Spuren der spannenden Geschichte bietet (rechts).

25 AZOREN Eine Insel schöner als die andere

Tiefe Vulkankrater, hohe Berge und bunte Wiesen: Die Natur der Azoren ist in Europa einmalig. Innerhalb der neun Inseln der portugiesischen Inselgruppe gibt es große Unterschiede, doch eine Insel ist schöner als die andere. Dabei besticht jede einzelne mit ihrem eigenen Charme und jede hat individuelle Vorteile. Während São Jorge zum Beispiel das Paradies für Wanderfans ist, zieht es Sonnenanbeter eher nach Santa Maria. Das Herz der Azoren ist die grüne Insel São Miguel. Sie ist nicht nur die größte der neun Inseln, sondern beherbergt auch mehr als die Hälfte aller Einheimischen der portugiesischen Inselgruppe. Als Seglerparadies gilt die Insel Faial. Hier steuern etliche Segelschiffe von der Karibik aus Richtung Europa die Hafenstadt Horta an. Der höchste Punkt der Azoren und ganz Portugals befindet sich stolze 2351 Meter über dem Meeresspiegel: Der Ponte Pico auf der gleichnamigen Insel. Der inaktive Vulkan prägt die Landschaft so nachhaltig und ist weit über die Inselgrenzen berühmt. Zudem kann man von hier Blauwale, Finnwale, Pottwale und Buckelwale ganz nahekommen. Die leben unweit der Küste und können im Rahmen von entsprechenden Bootstouren in ihrem natürlichen Lebensraum besucht werden. Die kleinste bewohnte Insel ist Corvo. Sie liegt im Nordwesten der Inselgruppe und beherbergt auf 17 Quadratkilometern lediglich eine Straße, einen inaktiven Vulkankrater mit mehreren Seen und den kleinen Ort Vila do Corvo. Er gehört zu den kleinsten Städten in ganz Europa. Die ruhige Insel Flores macht ihrem Namen alle Ehre, denn von Blumen gibt es hier mehr als genug. Es wachsen Hortensien, Azaleen, Moos und Lorbeerbäume. Übrigens ist die Insel der westlichste Punkt Europas. Auf Terceira findet man die älteste Stadt der Azoren: Angra do Heroísmo. Die ist UNESCO-Weltkulturerbe und wurde nach einem Erdbeben im Jahr 1980 wieder aufgebaut. Die zweitkleinste Insel der Azoren, Graciosa ist – wie der Name schon sagt – die wohl eleganteste. Statt schroffer Felsen und karger Vulkanlandschaften findet man hier Landzüge mit flachen Gebirgsketten und sattgrünen Wiesen und Wäldern.

TIPPS & INFOS

REISEZEIT: Klimatisch gesehen ist die beste Reisezeit im Sommer zwischen Juni und September, wenn die Temperaturen auf bis zu 25 °C steigen und nur ein paar wenige Niederschläge den Tag begleiten. Doch auch die Wintermonate und in der Übergangszeit April, Mai und Oktober haben die Azoreninseln ihren ganz besonderen Reiz, da kaum Touristen unterwegs sind und trotzdem an manchen Tagen strahlender Sonnenschein auf die Inseln fällt. Selbst die Temperaturen befinden sich während dieser Reisezeit in einem Rahmen von angenehmen 15–19 °C. Wer Wandertouren unternehmen will oder vorhat, einen Berg oder Vulkan zu erklimmen, sollte die Gelegenheit nutzen, wenn der Himmel seine Sonnentore öffnet und die Wolken, welche die Höhen bewachen, sich für kurze Zeit verziehen.

WEBSSITE: www.visitazores.com

Atemberaubende Lage über dem Wald, den Umeälven und mit Blick auf die kleine vorgelagerte Insel

AUSSERGEWÖHNLICHE ÜBERNACHTUNGEN

Wunderbare Orte zum Abschalten …

Eine Auszeit vom hektischen Alltag und der Wunsch nach Erholung – auch das sind Gründe, um in einem außergewöhnlichen Hotel einzuchecken.
Europa als Schmelztiegel verschiedenster Stile repräsentierte eine große Vielfalt an architektonischen Werken. Das gilt natürlich auch für die Hotellerie. Da, wo kreative Köpfe einerseits ihre postmodernen Ideen umsetzen und andererseits den Charme alter Gemäuer nutzen, um Gästen aus aller Welt eine außergewöhnliche Unterkunft zu bieten. Denn eine Reise für sich ist ja immer wieder ein kleines Abenteuer – besonders, wenn man zum ersten Mal in ein neues Land oder in eine neue Stadt reist. Die Frage, die sich dabei stellt, ist die der Übernachtung. Wenn man keine Lust auf ein Hotel oder eine Airbnb-Wohnung hat, sondern ein bisschen mehr Abenteuer auf der Reise wünscht, der hält Ausschau nach außergewöhnlichen Übernachtungen.
Neben einer ruhigen Lage trägt auch das Zusammenspiel von Mensch, Tier und Natur zur Entspannung bei, um neue Kräfte zu sammeln. Ob Luxus für alle Sinne, Bio in höchster Qualität oder ein Hideaway der Superlative, jeder hat seine eigene Vorstellung zum Thema außergewöhnliche Übernachtungen. Und manchmal ist es der kreative Ort, dann wieder die stille Umgebung oder das tolle Konzept, die eine Unterkunft besonders machen. Denn im Urlaub soll es schließlich etwas zu erleben geben und da darf auch die Übernachtung ein bisschen außergewöhnlicher sein. Mittlerweile bieten Hotels in ganz Europa unvergessliche Erlebnisse für Familien, Freunde, Paare oder Alleinreisende. Ob im Baumhotel inmitten Deutschlands oder charaktervollen Natursteinhäusern in pittoresken Dörfern, rätselhaften Hinkelsteinen, deliziösen Meeresfrüchten und beeindruckenden Landschaften in der Bretagne. Oder ein Holzchalet in den österreichischen Alpen in uriger Atmosphäre, in dem man zu jeder Jahreszeit unzählige sportliche Aktivitäten und Ausflüge in die unberührte Berglandschaft genießen kann.
Weil es manchmal eben nicht die 0815-Bleibe oder das klassische Luxushotel sein soll, haben wir uns nach ausgefallenen Hotels umgeschaut, die durch ihre Location, ihre Architektur und Art faszinieren.

5X AUßERGEWÖHNLICH ÜBERNACHTEN

Hängende Baumzelte in Bayern – hier kann man entweder auf Plattformen, in Zelten oder, wer es extrem mag, direkt an der Felswand übernachten: www.waldseilgarten-hoellschlucht.de

Fliegende Betten in Paris – das perfekte Hotel für Frischverliebte, die noch auf Wolke 7 schweben: www.sevenhotelparis.com

Im Kran in Amsterdam – hoch oben auf der Kranspitze macht ein Whirlpool draußen und die schicke Einrichtung innen den Aufenthalt angenehm. Unschlagbar ist die Aussicht, nur schwindelfrei muss man sein: www.faralda.com

Im Vogelnest in Schweden – von außen sieht das Ganze wirklich sehr spartanisch aus. Aber im Inneren befindet sich ein ziemlich luxuriöses Apartment: www.treehotel.se

Energie Tanken in Spanien – inmitten einer gigantischen Wüstenlandschaft aus spärlich bewachsenen Hügeln eine wahrhaft einmalige Nacht verbringen. Fern ab jeglicher Zivilisation befindet sich hier das weltweit erste Podtel: www.districthive.com

Luxuriöse Entspannung inmitten atemberaubender idyllischer Landschaft in Spanien

Kurios und skurril, aber mit einem einzigartigen Ausblick über Amsterdam

Es müssen nicht immer die Alpen sein – einsame Wandertouren gibt es für abenteuerlustige Wanderer im Kukaj-Tal im Valbona-Nationalpark in Albanien.

AB IN DIE BERGE

Vom Alpenglühen, Gipfelglück und Bergdörfern

Einsame Höhen, majestätische Gipfel, dunkle Bergwälder, blühende Almwiesen und charmante Bergdörfer, allesamt wunderschön und echte Sehnsuchtsorte für Erholungssuchende. Dabei sind die Berge und deren Gipfel innerhalb Europas so unterschiedlich wie der Kontinent mit seinen unterschiedlichen Kulturen selbst.

Jeder, der schon einmal auf einen Berg und einen Gipfel gewandert ist, kennt das überwältigende Glücksgefühl, wenn man es geschafft hat: Dort, wo man fast den Himmel berühren kann, liegt der Alltag weit unten im Tal. Dazwischen findet man fast grenzenlose Freiheit und eine gewaltige Natur, mit der man sich verbunden fühlt.

Dabei lassen sich Europas Berge nicht vergleichen, sie sind so facettenreich wie die einzelnen Länder selbst. Allein schon die Alpen, die sich von Frankreich bis zur Slowakei ziehen, sind einzigartig und ein Leben würde nicht ausreichen, um alles zu erkunden. Nicht zu vergessen, all die vielen kleineren Gebirgsketten, die Europa geografisch und auch klimatisch gliedern. Sowie die Vulkane, die sich wie Phönix aus der Asche heben und als solitäre Einzelberge markante Landmarken setzen. Alle diese Höhen sind majestätisch und von enormem landschaftlichem Reiz. Jetzt ist Zeit – Zeit für Europas Berge!

5X ABSCHALTEN UND RUNTERKOMMEN

Pyrenäen – wilder Gebirgszug zwischen Frankreich und Spanien: www.france-voyage.com

Meran – mondäner Kurort und idealer Ausgangspunkt für die Südtiroler Bergwelt: www.merano-suedtirol.it

Ätna – feuerspeiender Riese auf Sizilien und Berg gewaltigen Ausmaßes: www.italia.it

Bayerischer Wald – Mittelgebirgszug mit endlos weitem grenzübergreifendem Nationalpark: www.nationalpark-bayerischer-wald.bayern.de

Nemërçka-Gebirge – unbekanntes Massiv im Süden Albaniens, da, wo das Abenteuer beginnt: www.visit-tirana.com

Island hat viele Sehenswürdigkeiten zu bieten – vor allem für Naturfreunde, die sich einen Lebenstraum erfüllen möchten.

26 ISLAND Feuer und Eis

Island ist für vieles bekannt. Es ist bekannt für seine Wasserfälle, Gletscher, heiße Quellen und Vulkane. Der berühmteste Vulkan ist wohl der Gletscher Eyjafjallajökull, der 2010 ausbrach und den kompletten Luftverkehr in Europa für Tage lahmlegte. Und auf Island geht es immer rund: Vulkanische Vorgänge verändern die Insel permanent. Die Menschen passen sich dem landschaftlichen Wandel an. Und sind deshalb so flexibel. Am Mývatn (»Mückensee«) steigt ein nach faulen Eiern stinkender, heißer Schwefeldampf aus der Erde. Das Mývatn Nature Bath »Jardbodin« bietet über 40 °C heißes Wasser zum Entspannen. So kommen die Isländer hier her, um sich vom Alltagsstress zu erholen. Ein weiteres Naturspektakel hat eine besondere Anziehungskraft: die Nordlichter. Nicht minder sehenswert im Sommer, wenn es in den nördlichen Regionen der Welt wärmer ist, sind die Wale, die aus dem Süden nach Island zurückkommen. Dann kann man das einmalige Erlebnis, Wale in ihrer freien Wildbahn zu sehen, bei einer Wale Watching Tour erleben: Buckel- und Zwergwale sowie Finnwale und Delfine. Mit viel Glück bekommt man vielleicht einen Blauwal vor die Kamera.
Das absolute Highlight auf Island ist allerdings die Straße mit der amtlichen Nummer »1«. Sie ist 1340 Kilometer lang und führt einmal im Kreis um die Insel herum. Vorbei an Feuer und Eis, die sehr oft auf engstem Raum aufeinandertreffen. Vorbei an unheimlichen Lavafeldern und zerklüfteten Gletscherzungen, atemberaubenden Fjorden und platten Tafelbergketten. Die Straße passiert schäumende Flüsse, tosende Wasserfälle, milchige Seen. Sie führt mitten durch des Teufels Küche mit brodelnden Schlammtöpfen, höllischen Kratern und schwefligem Gestank. Sie durchquert unheimliche Vulkanregionen, staubtrockene Sandwüsten und ödeste Mondlandschaften. Dabei wird sie flankiert von grünen Hügelländern, pechschwarzen Kraterarealen und blauvioletten Alaska-Lupinenfeldern: einzigartig und atemberaubend. Ein Gefühl von grenzenloser Freiheit, nirgendwo Stress, niemals Hektik, keinerlei Aggressivität.

TIPPS & INFOS

KULINARIK: Das Essen in Island ist ausgezeichnet. Die Frische der Produkte und die nordische Einfachheit des Kochens sind eine wunderbare Kombination. Das bekannteste isländische Essen ist fermentierter Hai, gehängtes Fleisch, gesmoktes Lamm, Trockenfisch und Skyr. Vieles kann man in der Stadt probieren – sehr zu empfehlen.
SEHENSWÜRDIGKEIT: Sehr zu empfehlen sind die wunderschönen Wasserfälle Goðafoss, Skógafoss, Seljalandsfoss, der schwarze Sandstrand in Reynisfjara, der Goldene Kreis (Thingvellier Nationalpark, Geysir und Gullfoss), Hallgrímskirkja Kirche in Reykjavik, die blaue Jökulsárlón Gletscherlagune und das berühmte türkise Badewunder »Die Blaue Lagune«.
WEBSITE: www.visiticeland.com

27 STETIND Unbeschreiblich schön

Eine Reise nach Norwegen ist wie eine Reise zum Ursprung der Elemente: Erst vergisst man die Zeit unter Regenwolken und Mitternachtssonne und dann fügt man sich einfach dem Rhythmus der Natur. Und dann erblickt man den Stetind. Wie ein unglaublicher Granitzahn ragt er in Nordnorwegen, ca. 70 Kilometer südlich von Narvik, in den Himmel! Er ist Norwegens Nationalberg und einer der schönsten Gipfel der Welt. Fast 1400 Meter ragen seine granitenen Wände über dem Tysfjord auf. Der Stetind hat die Form eines Obelisken mit glatten Wänden vom Wasser bis zu seiner oberen Kante. Die Oberseite ist flach, als ob die Spitze abgeschnitten wurde, was dem Berg seinen Namen gab: »Ste« heißt nämlich Amboss. Wegen seines kuriosen Aussehens ist er schon in alten Zeiten als Landmarke von den Seeleuten benutzt. Vor allem spielt er in der samischen Mythologie eine große Rolle. Er gilt als heiliger Berg, und mehrere Sagen sind an ihn geknüpft. Das Bergmassiv besteht aus Granit und Gneis. Nach dem Stetind wurde übrigens das seltene Mineral Stetinditt benannt, da es hier zum ersten Mal gefunden und untersucht wurde. Der Berg ist ein beliebter Kletterberg, aber auch Künstler sind fasziniert. Die ersten Versuche, ihn zu besteigen, fanden in der zweiten Hälfte des 19. Jahrhunderts statt. Aber erst am 30. Juli 1910 schafften es Ferdinand Schjelderup, Carl Wilhelm Rubenson und Alf Bonnevie Bryn, den Berg zu bezwingen. Heutzutage kann man von Juli bis Mitte September wunderschöne geführte Klettertouren buchen. Voraussetzungen sind eine gute Kondition und keine Höhenangst.

Der Stetind, Norwegens Nationalberg, ist nicht nur für seine Kletterstrecken bekannt. Er gilt auch als Symbol der norwegischen Umweltbewegung (unten). Am Kinnekulle wurde lange Kalkstein abgebaut, der Steinbruch ist heute ein Fossilienfundort und Besuchermagnet (oben). Das Märchenschloss Läckö stammt ursprünglich aus dem Mittelalter (rechts).

TIPPS & INFOS

REISEZEIT: Die beste Reisezeit zum Wandern oder Klettern ist zwischen Juli und September.

UMWELT: Dass man weder am Berg noch am Schlafplatz Spuren hinterlässt, das versteht sich in Norwegen offensichtlich von selbst. Saubere Umwelt, glasklares Wasser und naturverbundene Menschen. Ein Wort beschreibt die Einstellung der Norweger zur Natur am besten: Friluftsliv. Das ist die norwegische Philosophie des Draußen-Seins, des einfachen Lebens in der Natur, ohne diese zu schädigen.

WEBSITE: www.visitnorway.com

28 BERG KINNEKULLE AM VÄNERN SEE

Abbild des Paradieses

Der Vänern See – oder auch Wenersee – stammt aus der letzten Eiszeit, in der er mit dem Meer in Verbindung stand – was bis heute Auswirkungen auf seine Flora und Fauna hat. So ist es ein wahres Paradies für alle, die sich für ungewöhnliche Wasserbewohner begeistern. Es leben nämlich 35 verschiedene Fischarten in ihm. Der drittgrößte See Europas liegt zwischen den historischen Provinzen Dalsland, Värmland und Västergötland. Rings um den größten See des Landes findet man idyllische Landschaften, die sich für entspannte Wanderungen im Grünen anbieten. Beliebtestes Wanderziel ist der Berg Kinnekulle. Der Berg, auch als der blühende Berg bekannt, ist ein Tafelberg am Ostufer des Sees. Auf seiner Höhe von 306 Metern bietet der Berg Raum für vielfältige Naturlandschaften aus Laub- und Nadelwäldern, Wiesen, Heiden, Hainen, Steppen und Ackerland. Als Biosphärenreservat ist er auch mit dem UNESCO-Siegel ausgezeichnet. Eine weitere Besonderheit des Berges Kinnekulle sind seine fünf Gesteinsschichten: Sie dokumentieren rund 540 Millionen Jahre Erdgeschichte. Fossilien, die sich bis heute im Sandgestein finden lassen und die ersten primitiven Tiere des Meeres abbilden, können das bezeugen. Kinnekulle bietet zudem eine wunderbare Gelegenheit, die verschiedenen Landschaften durch eine Wanderung zu erfahren. Dabei wird man auch Zeuge eines schönen Wasserfalls und einigen Kulturdenkmälern. Übrigens hat man von dem Aussichtsturm am Berg einen traumhaften Rundblick auf die südliche Seeregion.

TIPPS & INFOS

SEHENSWÜRDIGKEITEN: Am Nordufer des Sees findet man spannende Ziele, wie das Schloss von Läckö oder Karlstadt, die größte Stadt am Vänern. Interessant am Vänern sind Mariestad und Kristinehamn. Mariestad lockt mit seinem kleinen Schärengarten, dem Theater, dem Industriemuseum und dem schicken Retortenviertel Smedjehagen.

ÜBERNACHTUNG: Für eine Hotelübernachtung ist Karlstad eine gute Wahl. Nicht nur wegen seines fast großstädtischen Charmes, sondern auch wegen seiner verkehrsgünstigen und attraktiven Lage. Es gibt Hotels in allen Komfortklassen. Von besonderem Reiz ist das »Elite Stadshotell« im gustavianischem Stil.

WEBSITE: www.visitsweden.de

Das baltische Meer, Wälder, Flüsse und Sümpfe prägen die Landschaften Lettlands (unten). Das kristallklare Wasser des Kukajs rauscht durch den Valbona-Nationalpark (rechts).

29 LETTLAND

Zentrum des Baltikums und eines der grünsten Länder der Erde

Lettland liegt im Zentrum des Baltikums. Im Norden grenzt die lettische Republik an Estland, im Süden an Litauen, im Osten an Russland, im Südosten an Belarus und im Westen liegt die Ostsee. Riga, die Hauptstadt, bildet den Mittelpunkt des dünn besiedelten Landes. Weitläufige moosgrüne Wälder bedecken das Moränen-Hügelland mit tosenden Wasserfällen und die langgestreckte Küstenebene mit kilometerlangen Sanddünen und zahlreichen Seen. In Lettland gibt es 17 Flüsse, die jeweils über 100 Kilometer lang sind. Die fünf längsten Flüsse des Landes sind Gauja, Daugava, Ogre, Venta und Lecava. Wer in einem entspannten Wanderurlaub seltene Pflanzen und Tiere sehen will, ist in Lettland genau richtig. Das Land hat 706 Naturschutzgebiete, darunter vier Nationalparks. Übrigens wird Naturschutz in Lettland großgeschrieben. Vor allem die vier Nationalparks bieten wunderschöne Wanderwege in meist flachem und einfachem Gelände. Hier findet man reizvolle, unberührte Landschaften und eine intakte Flora und Fauna. Es gibt viele Säugetiere in freier Wildbahn zu sehen, darunter Biber, Elche, Füchse, Hasen, Hirsche, Rehe und Schwarzwild sowie auch Braunbären, Luchse, Wölfe und Wisente. An endlos langen Stränden und durch weite Hügellandschaften führt ein umfangreiches Netz gut ausgebauter Wanderwege. Das Land fasziniert durch seine facettenreiche Mischung aus Naturschönheiten und kulturellen Highlights, darunter zwei UNESCO-Welterbestätten.

TIPPS & INFOS

KULTUR: Lettlands Kultur ist stark durch Nordeuropa beeinflusst. In den Altstädten ist die typische Architektur der Hanse dominierend. Bekannt ist Lettland auch für seine Folklore, Volksmusik und vorchristliche Traditionen in Liedern und Tänzen. Die alten und bis heute lebendigen Bräuche ranken sich vorwiegend um das Mittsommerfest Jäni, das am 23./24. Juni gefeiert wird.
SEHENSWÜRDIGKEITEN: In der an den Ufern der Daugava gelegene Hauptstadt Riga kann man vor allem die gut erhaltene Altstadt (UNESCO Weltkulturerbe), romantische Handwerkergassen, den Rigaer Dom und die berühmte St. Petrus-Kirche mit ihrem 120 Meter hohen Turm entdecken. Empfehlenswert ist auch das imposante Jugendstilviertel und -museum.
WEBSITE: www.latvia.travel

30 VALBONA TAL Inmitten der Albanischen Alpen

Die Albanischen Alpen bieten nicht nur begeisterten Bergwanderern alles, was ein Wanderherz höherschlagen lässt, sondern auch Naturliebhabern. So findet man hier unberührte Märchenwälder, atemberaubende Berggipfel, traditionelle Bergbauernhöfe, glasklare Seen und malerische Ausblicke in gleich zwei Nationalparks. Man kann das kleine Land am Balkan auf den Spuren von Karl May erleben oder auf Schusters Rappen entdecken. Es riecht nach Pinien und wilden Thymian, der zwischen Steinritzen und Felsabhängen wuchert. Buchen werfen lange Schatten voraus und irgendwo gurgelt immer ein Bach, der sich im löchrigen Karstgestein versteckt. Einige endemische Pflanzen und Tiere gibt es hier und selbst im Hochsommer findet man noch Schneefelder. Schmilzt der manchmal mehrere Meter hoch liegende Schnee im Mai und Juni langsam ab, öffnet sich eine der beliebtesten Wanderrouten über den Qafa e Valbonës, den Valbona-Pass, in den benachbarten Theth-Nationalpark mit seinen wunderbaren Wasserfällen. Von den Bären und Luchsen, die hier leben, sieht man nur selten etwas.

Wer die Natur aufmerksam betrachtet, sieht handtellergroße Skorpione, die in Steinritzen lauern, und grün-blau schimmernde Eidechsen, die auf Felsen in der Sonne sitzen. Die Gegend ist noch kaum erschlossen, obwohl inzwischen auch bekanntere Routen wie der »Peaks of the Balkans« Trail oder der Valbona Pass die Hochtäler der Albanischen Alpen kreuzen.

TIPPS & INFOS

UNTERKÜNFTE: Im Tal gibt es vier Dörfer: Das kleine Dragobi auf halber Strecke, Çerem in einem Seitental, der Hauptort Valbona und ganz zuhinterst im Tal das Dörfchen Rragam. In und um Valbona finden sich Gästehäuser und kleine Hotels – seit dem Bau der Asphaltstrasse hat sich die Region rasch entwickelt. Lokale Familien in Rragam und Çerem bieten auch Privatunterkünfte an.

SEHENSWÜRDIGKEITEN: Die Streusiedlungen bieten wenig kulturelle Sehenswürdigkeiten. Es gibt lediglich einige ältere Häuser, »Kullas« genannte Wehrhäuser. Ein »Denkmal« der Vergangenheit ist die Ruine des Hotels aus kommunistischer Zeit im Zentrum von Valbona. Es wurde kurz nach dem Sturz des Regimes zerstört. Auch eine alte Mühle kann in Valbona besichtigt werden.

WEBSITE: www.albania-inside.de/online-reisefuehrer/berge/

31 NEMËRÇKA-GEBIRGE

Gewaltig und völlig unbekannt

Das Nemërçka-Gebirge ist ein 22 Kilometer langgezogener Gebirgszug im Süden von Albanien. Die Kalkwände des Massivs reichen bis auf knapp 2500 Höhenmeter und wirken aus der flachen Ebene wie ein gewaltiger Riegel, der jedes Weiterkommen verhindert. Als Urlauber ist man dort noch immer ein Exot. Ein geeigneter Ausgangsort für Erkundungen ist das Städtchen Përmet im südlichen Vjosatal. Das Tal ist vom gleichnamigen Fluss geprägt, der für sein türkisfarbenes Wasser und einige wunderschöne alte Brücken bekannt ist. Die Stadt selbst ist nicht wirklich beeindruckend, unter der kommunistischen Herrschaft kümmerte sich niemand um den Erhalt alter Gebäude oder Kirchen. Aber zumindest gibt es einige gute Unterkünfte und Restaurants. Was jedoch wirklich in Përmet zählt, ist seine Lage. Direkt hinter der Stadt ragt das Nemërçka-Gebirge in die Höhe, bis weit ins Frühjahr hinein sind die Gipfel tief verschneit, während man im Tal durch Olivenhaine flaniert. Kleine Wanderungen führen ins Dorf Leusa zu einer Kirche aus dem 6. Jahrhundert. Wen es in höhere Gefilde zieht, der schließt sich besser einer Wandergruppe an oder sucht sich einen Guide, denn das Nemërçka-Gebirge ist touristisch nicht erschlossen und man muss die Wege in die karstige Felsenlandschaft gut kennen. Im Gegenzug wird man mit einem unglaublich imposanten Landschaftsbild belohnt, das noch dazu unbekannt ist.

TIPPS & INFOS

KULTUR: Südlich des Nemërçka-Gebirges liegt Gjirokastra, das zum UNESCO-Welterbe zählt. Die kleine Stadt im Tal des Flusses Drinos beeindruckt mit ihrer charakteristischen Steinarchitektur und der mächtigen Burg, zu der steile Gassen und unzählige Stufen hinaufführen. Gjirokastra ist außerdem bekannt für seine vielen osmanischen Moscheen und christliche Kirchen.
ANREISE: Mit dem Flugzeug geht es nach Tirana in Albanien oder nach Korfu in Griechenland. Ohne Leihauto gibt es jedoch kaum ein Fortkommen in Albanien, außer man bringt viel Zeit mit. Von Korfu setzt man einfach mit der Fähre über und hat ca. 125 Kilometer vor sich oder man muss für die Fahrt von der Hauptstadt nach Përmet mindestens vier Stunden Fahrzeit rechnen.
WEBSITE: www.visit-tirana.com

Die Steinbogenbrücke Ura e Kadiut spannt sich über den Fluss Lengarica bei Permet (links). Unweit davon liegen die Thermalquellen von Benjë – im warmen Wasser blickt man auf das albanische Nemërçka-Gebirge (unten).

32 DER OLYMP Gebirge der Götter

Der Olymp ist das höchste Gebirge Griechenlands. Auch wenn es weltweit einige Berge mit dem Namen Olymp gibt, so hat doch Herodot im 5. Jahrhundert vor Christi eindeutig geschrieben, dass an der Ostküste Griechenlands am Olympos der Wohnort der Götter sei. Genaugenommen soll dort Göttervater Zeus mit elf weiteren Familienmitgliedern leben. Neben der höchsten Spitze, dem 2918 Metern hohem Mytikas, besitzt der Olymp noch mehr markante Gipfel. Wohlgemerkt, es handelt sich um ein Gebirge und nicht nur um einen Berg.

Das erste Mal wurde der Olymp im Jahr 1862 vom deutschen Geographen und Forscher Heinrich Barth bestiegen. Wer den Sitz der Götter erreichen möchte, der benötigt neben einer sehr guten Grundkondition ausreichend Getränke und je nach Gipfel auch Kletterausrüstung. Trittsicherheit und Schwindelfreiheit sind sowieso unabdingbar. Als leichterer Einstieg gilt die Wanderung zur Schutzhütte »Zolotas Zuflucht«. Ihr Streckenverlauf ist identisch mit dem Europäischen Fernwanderweg E4. Während der jedoch schon in Litochoro fast auf Meereshöhe beginnt, ist als Startpunkt der Parkplatz an den Enipeas Wasserfällen bequemer, trotzdem bedeutet das drei Stunden Aufstieg. An der Hütte wird man mit Aussicht belohnt, auch wenn man die Baumgrenze damit noch nicht erreicht hat. Wer neugierig ist, steigt weiter auf. Dann ist man schnell in der gebirgigen Steinwüste und schafft vielleicht den Skala Gipfel. Aber einfach machen es einem die Götter nicht.

TIPPS & INFOS

NATUR: Herrlich ist auch der kurze Spaziergang durch die Schlucht am Fluss Enipeas. Der Mythologie zufolge war Enipeas der schönste unter den Flussgöttern und genauso entpuppt sich der Weg. Eine prachtvolle Natur, rauschendes Wasser und eine gute Aussicht auf den Berg der Götter. Danach kann man an die Küste düsen, denn auch Strände und Meer sind nicht weit.

KULTUR: Bei Litochoro besichtigt man das Alte Kloster des Heiligen Dionysios, Agios Dionysios, das auf das Jahr 1542 zurückgeht. Auch Dion, der Nachbarort hat eine lange Geschichte. Hier stößt man auf bedeutende Ausgrabungen aus der hellenistischen, römischen und byzantinischen Zeit.

WEBSITE: www. olympusfd.gr

Der Crater Silvestri ist einer der unzähligen Ausbruchsschlote am Ätna.

> »SOBALD DU MERKST, DASS DU DICH IM KREIS DREHST, IST ES ZEIT AUS DER REIHE ZU TANZEN.«

33 ÄTNA Tanz auf dem Vulkan

Egal aus welchen Richtungen man sich dem Ätna nähert, der gewaltige 3357 Meter hohe Vulkan, der sein Haupt meist mit einer weißen Dampfwolke verhüllt, ist von überall gut zu sehen. Seine exakte Höhe variiert von Ausbruch zu Ausbruch, denn der Ätna ist immer noch aktiv, wenn man nicht sogar von hyperaktiv sprechen kann. Er besitzt vier Hauptkrater und jede Menge Nebenkrater, irgendwo raucht und faucht es immer. Und ab und an zeigt der Berg sein feuriges Gesicht. Asche und Lava fliegen dann hoch durch die Luft und ein zäher orangener Strom fließt die Hänge hinab. Diese Lavaeruptionen ereignen sich dabei aber nicht nur im Gipfelbereich, auch aus den Parasitärkratern an den Seitenhängen. Ja sogar aus dem Fuß des Kraters kann sich die Erde öffnen und das heiße Magma austreten. Aber der Berg ist nicht so gefährlich, wie man vermuten könnte.

So ist ein Besuch des Ätnas mehr als beeindruckend. Es ist faszinierend, die Erde so lebendig zu spüren. Eine Straße führt unweit der Hafenstadt Catania über die Südwestflanke des Berges hinauf zum Rifugio di Sapienza. Bei der Fahrt durchquert man die unterschiedlichsten Vegetationsstufen. Von Zitrushainen über Weinfelder und durch dichte Wälder. Dann ist auf einmal Schluss mit Grün. Urplötzlich befindet man sich in einer wüstenähnlichen Mondlandschaft aus schwarzem Lavasand. Direkt neben dem Rifugio auf 1910 Meter liegen die beiden Silvestri-Krater, die beim Ausbruchs 1892 entstanden sind. Schon hier kann man ein spektakuläres Panorama genießen. Gleich daneben befindet sich die Bergbahn, mit der die Besucher 600 Meter höher befördert werden. An der Bergstation ist aber noch nicht das Ende der Tour. Jetzt beginnt das Abenteuer und weiter geht es mit dem Geländebus hinauf zum Torre del Filosofo auf gut 2900 Metern. Auch wenn der Gipfel noch weit entfernt ist, hier ist erst einmal Schluss. Weiter kommt man nur mit Sondergenehmigung und Führer. Aber auch schon 400 Meter unter den Hauptkratern ist die Vulkanlandschaft mehr als spannend. Jetzt einen Tanz auf dem Vulkan wagen, ein Erlebnis, das für unvergessliche Momente sorgt.

TIPPS & INFOS

ÜBERNACHTUNG: Um den Ätna so richtig zu genießen, kann man im Rifugio Sapienza übernachten. Das Hotel ist eine Art italienische Alpenvereinshütte mit Doppelzimmern. Besonders abends, wenn alle Tagesbesucher wieder ins Tal zurückgekehrt sind, wird es am Ätna so richtig schön. Rund um das Rifugio ist alles eine aus Lava bestehende Wüste. Zusammen mit dem Sternenhimmel und der glitzernden Stadt Catania gibt es kaum einen Platz, an dem man sich mehr mit der Erde verbunden fühlt als hier.

WANDERN: Bis zum Torre del Filosofo kann man auch vom Rifugio gut zu Fuß hinaufsteigen. Für die 1000 Höhenmeter brauch man ca. drei Stunden. Festes Schuhwerk ist unbedingt nötig. Je nach Jahreszeit ist auch eine dicke Jacke oder eine Mütze sehr ratsam.

WEBSEITE: www.italia.it

Vulkanasche, Sand, Staub und Geröll soweit das Auge reicht und nur langsam erobern Pionierpflanzen die Berghänge.

Magisch grün, aber auch eisig kalt ist das Wasser im Nationalpark Triglav (links). Gedenkstätte für italienische Gefallene bei Kobarid (rechts).

34 TRIGLAV

Schönster Berg Slowniens

Auf kleinstem Raum spiegelt sich Sloweniens landschaftliche Vielfalt im Nationalpark Triglav wider. Die herrlichen Bergseen, die schneebedeckten Gipfel der Julischen Alpen, die sonnigen Täler und Hochebenen, die türkisfarbenen Flüsse Soča und Save sowie die dichten Wälder zeichnen die facettenreiche Landschaft aus. Im Norden grenzt der Park an Österreich und im Westen an Italien. Das Herzstück und gleichzeitig der Mittelpunkt des Parks ist der 2864 Meter hohe Triglav, der höchste Berg Sloweniens. Sein dreieckiger Gipfelaufbau, der solitär in den Himmel ragt, ist von fast allen Seiten gut zu erkennen.

Der Nationalpark in seiner heutigen Größe von rund 84.000 Hektar besteht seit 1981. Aber schon 1924 wurden erste Schutzmaßnahmen ergriffen, um diese einzigartige Gebirgslandschaft zu erhalten und zu bewahren. So wurde das Gebiet rund um den Triglav zu einem Vorreiter im sensiblen Umgang mit dem fragilen Lebensraum der Berge. Neben dem beeindruckenden Bergmassiv sind zwei Drittel des Nationalparks von Wäldern bedeckt. Dort fühlt sich der Braunbär wohl. Ein weiteres seltenes, aber deutlich kleineres Tier, das seinen Lebensraum im Nationalpark hat, ist der blassblaue Alpenbock (Rosalia alpina), der in den Bergwäldern mit Buchenbestand zu Hause ist.

Neben dem Triglav sind vor allem die Gewässer im Nationalpark von unverwechselbarer Schönheit und Bedeutung. 250 größere und kleiner Quellen entspringen im Park und bilden Flüsse, wie die Soča oder die Sava. Zu den Gebirgsflüssen kommen viele Seen, unter denen der Bleder See, (slowenisch Blejsko jezero) mit seiner malerischen Insel der Bekannteste ist.

Wer den Triglav zu Fuß erobern möchte, sollte zwei Tage dafür veranschlagen, denn nur sehr gut konditionierte Wanderer schaffen das an einem einzigen Tag. Der Normalweg von Trenta führt mit einer Zwischenübernachtung auf der Schutzhütte Koča na Doliču (geöffnet Juni–September) zum Gipfel. Bis zu Hütte ist es ein mittelschwerer, längerer Bergsteig: Zum Finale verwandelt sich der Weg in einen Klettersteig. Diverse Tritthilfen sind zwar Stahlseilgesichert, erfordern aber absolute Schwindelfreiheit und Trittsicherheit.

»EINE VORAUSSETZUNG FÜR DEN FRIEDEN IST DER RESPEKT VOR DEM ANDERSSEIN UND DER VIELFÄLTIGKEIT DES LEBENS.«

Dalai Lama

TIPPS & INFOS

NATUR: Die Save, einer der zwei wichtigsten Flüsse des Nationalparks, entsteht durch den Zusammenfluss von Sava Bohinjka und Sava Dolinka bei Radovljica. Dabei ist die Quelle der Unteren Save, der Sava Dolinka im See Zelenci westlich von Kanjska Gora, ein geradezu magischer Ort. Mit einem kleinen Spaziergang ist der türkisfarbene Quelltopf schnell erreicht.

SPECIAL: Das Gebiet rund um die Soča, auf Italienisch Isonzo, war einer der großen Kriegsschauplätze im ersten Weltkrieg. Entlang der Isonzofront verloren Hunderttausende Soldaten ihr Leben. Auch nach über 100 Jahren haben Krieg, Tod und Leid noch tiefe Spuren hinterlassen und man stößt immer wieder auf ehemalige Grenzbefestigungen, Soldatenfriedhöfe sowie Reste von Kasernen. Heute sind das alles Mahnmale für den Frieden.

WEBSEITE: www.slovenia.info, www.soca-valley.com, www.tnp.si

Die Priesshütte im Nationalpark Nockberge.

> »WAS DU FÜR DEN GIPFEL HÄLTST, IST NUR EINE STUFE.«
>
> Seneca

35 NOCKBERGE Vom Zauber der Nocken

Im österreichischen Namen Nockberge, manchmal auch Nockgebirge genannt, steckt ein gewisser Zauber. Der Name erinnert an österreichische »Nockerl«, eine typische Mehlspeisen Variation, die wir von Griesnockerl, Topfennockerl oder von den Salzburger Nockerln her kennen. Ganz so abwegig ist dies Herleitung nicht, denn Nocken sind nun mal kleine runde Klöße. Auf Berge übertragen, bedeutet das: abgerundete, samtig grüne Gipfel. Das passt! Die Nockberge sind sanft statt schroff und eher für Wanderer als für Kletterer geeignet. Die schlichte Schönheit ist typisch für die Region und zu ihrem Schutz wurde der zentrale Bereich der Nockberge in den Biosphärenpark Nockberge gewandelt.

Die Nockberge liegen nördlich der Kärntner Seen und reichen bis an die Mur. Mit dem großen Rosennock strecken sie sich bis auf 2440 Metern Höhe, hoch genug für viel Berggefühl, auch wenn die felsigen Regionen ausbleiben. Es gibt unzählige Möglichkeiten für Wanderungen. Neben der beliebten Turracher Höhe ist die Nockalmstraße ein beliebter Ausgangspunkt für größere oder kleinere Touren. Die Panoramastrecke wurde vor allem aus touristischen Zwecken angelegt. Von Innerkrems im Norden führt die 34 Kilometer lange Mautstraße nach Reichenau im Süden. Das bedeutet neben dem großen Fahrspaß über 52 Kehren und Kurven auch jede Menge Sehenswürdigkeiten. Unterwegs besichtigt man das Biosphärenpark-Zentrum Nockalmhof samt seiner Fossilienschau (www.nockalmhof.at). Vorbei an einigen Hütten schraubt sich die Straße langsam höher und erreicht an der Eisentalhöhe ihren Scheitelpunkt. Der Rundblick auf das Nockalmgebiet ist traumhaft schön, doch man kann ihn noch toppen. In 30 Minuten zu Fuß erreicht man den Gipfel Eisentalhöhe, die einen noch weiteren Rundumblick gewährt.

Danach geht die Fahrt weiter und man erreicht über die Glockenhütte den Windebensee, den man, sofern man einen Parkplatz bekommt, umrunden kann. Kurz danach lockt die etwas abseits gelegene Prießhütte zu einer zünftigen Einkehr, bevor ein ereignisreicher Tag zu Ende geht.

TIPPS & INFOS

NATUR: Den Mittelpunkt auf der Turracher Höhe bilden die drei Bergseen (Turracher See, Grünsee und Schwarzsee), die sich alle mit einer knapp acht Kilometer langen Wanderung auf dem Weg der Sinne besuchen lassen.

WELLNESS: Rustikal relaxen darf man im Karlbad, einem traditionellen Bauernbad. Dort sitzt man schwitzend und dampfend in alten Holzzubern und genießt das heiße Wasser, das zuvor mit dem mineralhaltigen Steinen aus dem Karlbach erwärmt wurde. Die Badesaison beginnt Mitte Juni und endet Mitte September – eine frühzeitige Reservierung ist empfehlenswert (Fam. Aschbacher, Tel. +43 6649683926)

WEBSEITE: www.turracherhoehe.at, www.nockberge.at

Einen Schlupfstein erlebt man im Silva Magica, dem Ausgangspunkt zu schönen Wanderungen an der Nockalmstraße.

36 ÖTZTAL

Kombination aus Power und Ruhe

Im Ötztal gibt es die perfekte Kombination: Auspowern und actionreich den eigenen Kopf leerfegen oder zur Ruhe zu kommen in der Stille der Bergeinsamkeit.

Das Ötztal ist eine uralte Verbindung vom Inntal nach Süden. Die Timmelsjochstraße windet sich am Ende des Tals in vielen Kehren und Serpentinen auf fast 2500 Metern Seehöhe, bevor sie auf italienischer Seite ins Passeiertal führt. Dabei war dieser Pass nicht der einzige. Wie man heute weiß, wurde schon vor 9000 Jahren der Übergang aus dem Venter Tal zum Tisensjoch benützt. Der historische Sensationsfund von Ötzi aus dem Eis zeugt davon, dass bereits steinzeitliche Jäger die Hochgebirgsregion der Ötztaler Alpen durchstreiften. Und so entpuppt sich die ganze Gegend noch heute als hervorragendes Wanderrevier im Hochgebirge.

Fünf größere Ortschaften liegen im Tal: Sautens, Oetz, Umhausen, Längenfeld und Sölden. Sie verteilen sich über klimatisch und landschaftlich markante Stufen von ausgedehnten Obstgärten und Getreidefeldern am Taleingang bis hin zu der vereisten Gletscherregion, in der ewiger Winter herrscht. Diese Gletscher sind Reste der letzten Eiszeit, ein fest gebundener Wasserspeicher, der im Laufe der Jahrtausende gewaltige Kräfte entfesseln konnte. So gab es im Ötztal immer wieder verheerende Bergstürze, deren Schuttmassen die Ötztaler Ache aufgestaut und flache Ebenen aufgeschüttet haben. Ein Grund für die entstanden Talstufen.

Wie wild das Wasser sein kann, zeigt die Ötztaler Ache. Ein Eldorado für Wild Water Rafting oder für wilde Wasserspiele im Outdoor Playground Area 47 bei Sautens. Ein Tag in diesem Gelände und Adrenalinjunkies sind süchtig – auch eine Art den Kopf freizubekommen.

Am Ende des Ötztals führt die Timmelsjochstraße hinauf in die hochalpine Bergwelt (unten). Die Hängebrücke erlaubt Fernsicht bis zum Großglockner (oben). Mondäne Kurhotels prägen Bad Gastein (rechts).

TIPPS & INFOS

NATUR: Auf den Wasserläufer Rundwegen kann man das Ötztal auf leichter Art erwandern. So ist die Tour von der wilden Ötztaler Ache bei Oetz zum stillen Piburgersee überaus facettenreich und gleichzeitig sehr malerisch. Alternativ gibt es eine Wanderung hinauf zum Stuibenfall, dem größten Wasserfall Tirols bei Umhausen.

WANDERN: 12 Etappen – 12 unvergessliche Augenblicke – so kann man den Ötztaler Urweg beschreiben. Der Weitwanderweg lässt uns dabei das ganze Ötztal erkunden, mit der Überschreitung des 3189 Meter hohen Ramoljochs eine durchaus anspruchsvolle Tour.

WEBSITE: www.oetztal.com

37 GASTEINER TAL

Mondän und weltberühmt

Schon seit dem Mittelalter wusste man von der heilenden Kraft der Gasteiner Thermen. Trotz der abgeschiedenen Lage im Gasteiner Tal, am Fuße der Hohen Tauern, nahmen damals Fürsten und Adelige aus aller Welt die beschwerliche Reise auf sich, um im wohltuenden Bergklima bei Bäderkuren mit mineralisierten Radon-Thermalwasser zu genesen.

Drei größere Ortschaften prägen das Bild des Tales: Dorfgastein, Bad Hofgastein und Bad Gastein. Besonders Bad Gastein mauserte sich im 19. Jahrhundert von einem Bergdorf zu einem mondänen Kurort von internationalem Rang. Bis 1905 reisten die Kurgäste noch mit Kutsche an, aber mit dem Anschluss an das Eisenbahnnetz setzt ein gewaltiger Bauboom ein und feudale Grand Hotels wurden errichtet. Kein Wunder, dass man Bad Gastein auch das »Monte Carlo« oder »Monaco der Alpen« nannte.

In Dorfgastein am Anfang des Tals geht alles noch beschaulich zu. Lifte führen auf das Fulseck in ein Wanderparadies. In Bad Hofgastein erfreut man sich an der Alpentherme am Kurpark, einem Wellness Bad mit gesundem Thermalwasser. In Bad Gastein hingegen wird man in eine andere Welt versetzt. Prachtvolle Hotelbauten, Villen aus der K.-u.-k-Monarchie drängen sich auf engstem Platz. Spektakulär ist die Lage des Zentrums, das an den Steilhängen um den Gasteiner Wasserfall entstanden ist. Dazu kommen die zwei beliebten Hausberge, der Graukogel und der Stubnerkogel, tolle Wanderreviere und ideal für eine Auszeit.

TIPPS & INFOS

SPECIAL: Ein Flugerlebnis der ganz besonderen Art gibt es in Bad Gastein. Mit dem Flying Fox kann man gesichert an einem Seilzug über den Wasserfall und den historischen Ortskern fliegen. Frischer Fahrtwind und Nervenkitzel sind inklusive.

WANDERN: Vor allem der Graukogel oberhalb von Bad Gastein entführt den Wanderer in die Welt der Zirben. An besonderen Kraftplätzen gibt es Liegen oder Schaukeln, direkt unter den herrlich duftenden Zirbenbäumen. So kann man wunderbar relaxen. Schön ist auch der Stubner Kogel, hier sorgt eine lange Hängebrücke für Action.

WEBSITE: www.gastein.com

Ein Geheimtipp: Durch die Gießenbachklamm erreicht man am Eppzirler Almboden die Innsbrucker Nordkette im Karwendelgebirge (links). Im Herbst leuchten die Ahornbäume im Rißtal besonders schön (rechts).

38 KARWENDELGEBIRGE

Sanft und schroff

Der österreichische Naturpark Karwendel ist mit seinen 730 Quadratkilometer das größte zusammenhängende Schutzgebiet der Alpen. Das gesamte Gebiet ist eine einzige Offenbarung. Die Augen können sich kaum sattsehen. Sanfte und schroffe Berge, eine vielfältige Flora, das Freizeitangebot und die einzigartige Landschaft harmonieren perfekt miteinander. Im Karwendel pfeifen Murmeltiere, Gämsen und Steinböcke klettern auf Felsen und über allem kreisen Adler. Mit etwas Glück kann man sie sehen, denn immerhin gibt es im Karwendel die größte Steinadlerpopulation der Alpen.

Das Karwendelgebirge erhebt sich nördlich von Innsbruck und teilt sich einen Teil seines Massivs mit Bayern. Mehrere sehr kleine und abgelegen Täler führen in das Gebiet. So erreicht man den westlichen Teil des Gebirges am besten von Seefeld, Leutasch oder Scharnitz aus und kann auf diesem Weg kleine Schluchten, Berghütten, Almböden oder die Quellen der Isar erreichen.

Den östlichen Teil des Karwendel erobert man vom Achensee aus. Von dort geht es in das Gerntal und das Falzthurntal. Der Talschluss ist jeweils ein guter Ausgangspunkt für Bergtouren. Kleinere Wanderungen führen unweit des Sees auf den Feilkopf und zur Feilalm. Herrlich ist auch der Bärenkopf, dessen Aufstieg man mit der Karwendelbergbahn ab Pertisau verkürzen kann. Von oben liegt einem aussichtsreich das ganz Inntal und der Achensee zu Füßen. Eine Augenweide und wer noch weiter wandern möchte, marschiert problemlos über das Stanser Joch. Auf diesem Weg kann man direkt ins Inntal nach Schwaz absteigen.

Durch das Rißtal, eine österreichische Enklave ganz im Norden des Karwendels und nur über eine mautpflichtige Straße von Bayern aus erreichbar, findet man etwas ganz Besonderes. Am Talschluss, in der Eng, liegt ein eigenartiger, lichter und uralter Wald. Auf dem Großen Ahornboden wachsen 2218 Bergahorne. Von Moos bewachsen, krumm, buckelig, windschief und knorrig hat jeder der Bäume seinen ganz eigenen Charakter. Und gegen die bläulich schimmernden hohen Felswände des Karwendels wirken sie wie aus einer Fantasy-Filmkulisse entsprungen.

»BERGE SIND NICHT DIE ANTWORT AUF ALLES, ABER MAN VERGISST SEINE FRAGEN!«

TIPPS & INFOS

NATUR: Am Beginn des Hinterautals bei Scharnitz liegt das Informationszentrum des Naturpark Karwendels. Es gibt eine interessante Ausstellung zum Naturpark und im Freigelände eine historische Holzfällerhütte zu sehen. Dort erhält man aber auch viele Tipps für Wanderungen in die Natur. Außerdem kann man in dem kleinen Ort die Ruine der Porta Claudia besuchen.

WELLNESS: Am Ende des Falzthurner Tals liegt die Gramaialm mit ihrem Gasthof und Hotel. Für einige nur ein Ausflugsziel im Karwendel, für andere die perfekte Wohlfühloase für eine kurze Auszeit. Das Natur-Spa im Hotel sucht seinesgleichen und wer das Glück hat, hier eine Nacht zu verbringen, erlebt unvergessliche Momente im stillen Karwendel.

WEBSITE: www.gramaialm.at, www.karwendel.org

Deutlich erkennt man die verschiedenen Watzmanngipfel.

»GROẞ, UND MÄCHTIG, SCHICKSALSTRÄCHTIG. UM SEINEN GIPFEL JAGEN NEBENSCHWADEN. A DONNERN SCHICKTA OFT INS TAL, UND DANN SCHAUDATS OLLE AUFAMOI.«

Wolfgang Ambros

39 BERCHTESGADENER LAND

Im Reich des Watzmanns

Hohe Gipfel oder blaue Seen? Im hintersten Winkel Bayerns, nahe der Grenze zu Österreich ist beides möglich! Das Berchtesgadener Land mit seinem Nationalpark ist eine der schönsten Regionen Deutschlands. Eine Urlandschaft mitten im dicht besiedelten Bayern, abwechslungsreich, vielfältig und herrlich wild.

Fast überall im Berchtesgadener Land ist der Watzmann das zentrale Motiv in der Landschaft. Wobei es sich bei dem Gebirgsmassiv eigentlich um eine ganze Familie handelt, neben dem Gipfel gibt es nämlich die Nebengipfel, die Watzfrau und die Watzkinder, nach der Legende heißen die aber Watzmannfrau und Watzmannkinder. Deren Besteigung ist nur erfahrenen Alpinisten vorbehalten, aber zum Glück kann man im Berchtesgadener Land auch auf einfache Art und Weise viel erleben.

So ist eine Fahrt über den berühmten Königsee zur Kirche St. Bartholomä im Herzen des Nationalparks ideal, um abzuschalten. Wer kann, versucht eines der ersten Schiffe zu erwischen, denn morgens ist noch wenig los. Das einsame Trompetenspiel des Kapitäns mitten auf dem See, um das Echo der Berge zu demonstrieren, ist dann geradezu magisch. In St. Bartholomä spaziert man auf dem Eiskapellenweg zur Kapelle St. Johann und Paul oder weiter bergauf zur Eiskapelle. Vorsicht, Trittsicherheit erforderlich! Wer möchte, setzt die Erkundung des Königssees auch bis zu seinem südlichsten Ende an den Bootsanleger »Salet« fort. Von dort führt ein Weg zum Obersee und der beliebten Fischunkelalm, die in ihrer einsamen Lage unweit des höchsten Wasserfall Deutschlands, dem Röthbachfall, kaum zu toppen ist.

Wer gerne höher hinauf in die Berge möchte, wählt die Jennerbahn unweit des Königssees. Sie bringt den Wanderer bequem hinauf in die hohen Kalkalpen. Von der Bergstation ist der Gipfelsturm ein Leichtes, aber unvergesslich bleibt der Tiefblick auf den Königssee.

Aber was wäre eine Reise in den Nationalpark Berchtesgaden ohne den Besuch einer urigen Alm. Dafür geht es ins Klausbachtal, das südlich vom Hintersee beginnt und in der Gemeinde Ramsau liegt. Am Fuße dramatischer Berge wie dem Hochkalter oder den Mühlsturzhorn wandert man in das Herzstück des Nationalparks. Mit etwas Glück kann man Gämsen, Steinadler oder Geier sehen und natürlich die Bindalmen besuchen, ein unter Denkmalschutz stehendes Almen Ensemble, das seinesgleichen sucht. So schön, dass man anfängt, von einer längeren Auszeit auf einer Alm zu träumen.

TIPPS & INFOS

ACTION: Die Jagd nach dem Weißen Gold, dem Salz, prägte über viele Jahrhunderte das Berchtesgadener Land. Bei Berchtesgaden gab es ein großes Naturvorkommen. Bis heute wird in Berchtesgaden Salz gewonnen. Einmalig, unvergesslich und spannend ist daher ein Besuch im Berchtesgadener Salzbergwerk: www.salzbergwerk.de

KULTUR: Ein guter Ausgangspunkt, um die Gegend zu erkunden, ist Berchtesgaden. Der Ort ist malerisch und bietet viele Übernachtungsmöglichkeiten. Auch zum Obersalzberg, dem einstigen »Führersperrgebiet« ist es nicht weit.

WEBSITE: www.berchtesgaden.de

Die steilen Felswände des Funtenseetauern bilden den Talschluss am südlichen Ende des Königsees.

Viel Wald und viel Grün, dazu ein paar Flüsse und Bäche, so zeigt sich der Bayerische Wald fast überall, auch in der Saußbachklamm (links). Auch der Winter hat seinen Reiz, vor allem am Arber (rechts).

40 BAYERISCHER WALD

Auszeit im größten Wald

Nördlich von Passau beginnt die Region des Bayerischen Waldes, ein hügeliges, bergiges Gebiet, das bis zum Dreiländereck zwischen Österreich, Tschechien und Bayern reicht und im Norden in den Oberpfälzer Wald übergeht. Das Herz des Bayerischen Waldes schlägt im gleichnamigen Nationalpark, der 1970 gegründet wurde. Die Besonderheit des Parks ist, dass der Natur nach dem Wegfall des Eisernen Vorhangs hinüber nach Tschechien in den Böhmerwald keine Grenzen mehr gesetzt sind. So schließt sich heute nahtlos der Nationalpark Šumava an. Damit ist eine Fläche von fast 200.000 Hektar unter Schutz gestellt, das größte zusammenhängende Waldgebiet Europas. Das Gründungsmotto des Nationalparks »Die Natur Natur sein lassen« wird befolgt, auch wenn in den 80er-Jahren erst einmal große Teile des Waldes zerstört wurden. Zwei Gewitterstürme schlugen riesige Schneisen in den Wald. Dem Motto folgend wurden diese Windwürfe nicht beseitigt, nur vorhandene Wanderwege wurden freigeschnitten. Dabei kam es zu einer Katastrophe. Das am Boden liegende Holz, vor allem Fichte, schuf ideale Lebensbedingungen für die gefürchteten Borkenkäfer. Vermehrungsfreudig, wie sie sind (ein einziges Käferweibchen kann innerhalb eines Jahres bis zu 100.000 Nachkommen erzeugen), fallen sie in Scharen zum großen Fressen unter der Rinde den Baum an. Ist dieser Mechanismus einmal losgetreten und greift der Mensch nicht ein, so fallen ganze Wälder dem Käfer zum Opfer. So war es auch im Nationalpark, die Käfer griffen von den umgeworfenen Bäumen auf die gesunden Bäume über und vernichteten in kürzester Zeit viele Tausend Hektar Wald.

Die Bilder davon gingen um die ganze Welt und der Aufschrei war groß. Aber nach 10 Jahren ging der Käferbefall zurück und gleichzeitig begann ein neuer Wald zu wachsen. Kein reiner Fichtenwald mehr, sondern ein lebendiger Mischwald aus Ahorn, Eschen, Ulmen und Linden nebst Buchen und Tannen. Dazwischen wachsen nun seltene Gräser und Wildblumen und mit etwas Glück dürfen die nächsten Generationen einen Urwald erleben, wie er wohl einst überall zu finden war.

»DIE SEELE WIRD VOM PFLASTERTRETEN KRUMM.
MIT BÄUMEN KANN MAN WIE MIT BRÜDERN REDEN
UND TAUSCHT BEI IHNEN SEINE SEELE UM.
DIE WÄLDER SCHWEIGEN. DOCH SIE SIND NICHT STUMM.
UND WER AUCH KOMMEN MAG, SIE TRÖSTEN JEDEN.«

Erich Kästner

TIPPS & INFOS

WANDERN: Einer der schönsten Berge im Bayerischen Wald ist der Große Arber. Seine Besteigung lohnt sich zu jeder Jahreszeit. Gigantische Aussichten erwarten den Wanderer und im Winter als besonderer Hingucker die tiefverschneiten Arbermännchen, vom Wind und Schnee krumme Fichtenbäumchen, die zu mancher Sage oder Märchen inspirieren.

SPECIAL: Neuschönau ist ein guter Ausgangspunkt für den Besuch des Nationalparks. Dort gibt es den hölzernen Baumwipfelpfad, das Nationalparkhaus Lusen und das große Tierfreigelände. Das hat das ganze Jahr über geöffnet, der Eintritt ist frei. In ihm leben viele Wildtiere, wie Luchse, Habichtskäuze, Fischotter, Bären oder Auerhühner, die im Bayerischen Wald heimisch sind oder waren. Durch einige der Gehege wandern wir mitten durch und sind so fast auf Tuchfühlung mit den Wildtieren.

WEBSEITE: www.nationalpark-bayerischer-wald.bayern.de

Die Breitengehrenalpe im Rappenalptal bei Oberstdorf ist einer der weniger bekannten Plätze in den Allgäuer Bergen.

> »ERKLIMME DAS GEBIRGE
> ODER STEIGE INS TAL HINAB,
> GEHE BIS ANS ENDE DER WELT
> ODER UM DEIN HAUS HERUM:
> DU TRIFFST IMMER NUR DICH
> AUF DEN STRAßEN DES ZUFALLS.«
>
> Maurice Maeterlinck

41 IM ALLGÄU Fellhorn, Nebelhorn und Söllereck

Wandertage im Allgäu sind ein idealer Kurzurlaub in einer der schönsten Regionen der nördlichen Alpen. Zwischen Füssen und dem Bodensee liegt das Kerngebiet des Allgäus in der Region Schwaben, ein Teil davon in Bayern, ein Teil in Baden-Württemberg. Das Gebiet reicht von den hohen felsigen Bergen bis zum hügeligen Voralpengebiet mitsamt vieler Seen und kleineren Flüssen.

Wandergelüste lassen sich in Oberstdorf realisieren. Umgeben von der gewaltigen Riege der Allgäuer Hochalpen mit Nebelhorn, Rubihorn, Fellhorn, Trettachspitze, Hochvogel, Mädelegabel und Großer Daumen kann es dort kaum schöner sein. Dazu kommen einige herrliche Bergtäler und drei Flüsse: Trettach, Stillach und Breitach, aus deren Zusammenfluss sich schließlich die Iller bildet.

Das ganze Gebiet ist, so vermutet man, schon seit dem 6. Jahrhundert durch Alemannen besiedelt. Es wurde zunächst nur das »oberste Dorf« genannt. Daraus entwickelte sich das wohlbekannte Oberstdorf. 1888 wurde Oberstdorf an das Bahnnetz angeschlossen, seither begann der Tourismus langsam, aber sicher, die Landwirtschaft als Einnahmequelle zu überholen. Das war die Zeit, in der der Alpenverein seine Hütten baute, um die Berge »langsam aber sicher zu erschließen«. So gibt es heute unzählige Möglichkeiten für Bergtouren und Wanderungen. Aber die Touren, die auf die großen bekannten Gipfel der Hochalpen führen, sind alle als »schwer« einzustufen. Man braucht dafür Ausdauer, absolute Trittsicherheit, Schwindelfreiheit und hochalpine Erfahrung. Sie eignen sich nicht für jedermann, außer man möchte nur den kurzen Panoramaweg am Nebelhorn oder Fellhorn absolvieren. Die beiden sind die bekanntesten Gipfel Oberstdorfs und jeweils durch eine Gondel erschlossen. Das erspart mindestens drei Stunden Aufstieg. Die Gipfelschau auf rund 400 Berge ist jedoch überwältigend und deshalb lohnt sich die Auffahrt sehr.

Ideal für alle, die sich zwar mehr bewegen, doch nicht ins Hochgebirge möchten, ist das Söllereck. Fernsichten auf die Allgäuer Hochalpen, ein gemütliches Gasthaus, ein spannender Naturlehrpfad und der Freibergsee runden diese kleine Bergwanderung ab.

TIPPS & INFOS

GENUSS: In der Oberstdorfer Löwenwirtschaft, Kirchstraße 1, kann man nicht viel falsch machen, außer man vergisst einen Platz zu reservieren. Das Essen ist auf hohem Niveau und immer etwas Besonderes. Nicht nur die Teller sind dekorativ angerichtet, auch die Innenräume sind ein Traum: www.loewen-strauss.de

SPECIAL: Südlich von Oberstdorf zweigt das Kleinwalsertal ab. Es ist eine österreichische Enklave, die mit dem Auto nur über die bayerische Seite erreichbar ist. Im Tal liegen vier pittoreske Dörfer: Riezlern, Hirschegg, Mittelberg und Baad, deren Ursprünge auf die Walliser zurückführen. Dort warten jede Menge Wanderrouten auf aktive Erholungsuchende.

WEBSEITE: www.oberstdorf.de

Mit der Nebelhornbahn lässt sich der Gipfel leicht erobern.

Entspannung mit Bergblick – im Schwemmalmgebiet über dem Ultental (unten). Die Passer, ein mächtiger Gebirgsfluss, fließt mitten durch Meran (rechts).

42 ULTENTAL

Lärchenwiesen und Bergbauernhöfe

Das Südtiroler Ultental zweigt bei Lana in Richtung Westen ab. Es ist bekannt für seine wunderschönen uralten Holzbauernhöfe, die im ganzen Tal über die Berghänge verstreut sind. Es scheint ein riesiges Freilichtmuseum zu sein, aber dennoch wohnen, arbeiten und leben hier viele Menschen.

Zum Ultental gehören neben zahlreichen kleineren Häuseransammlungen vier größere Gemeinden: St. Pankraz, St. Walburg, St. Nikolaus und St. Gertraud. Durch das Tal fließt die Falschauer, ein Gebirgsfluss, der früher wegen seiner verheerenden Hochwasser gefürchtet war. Heute wird der Fluss zur Stromgewinnung genutzt. Dafür errichtete man drei Stauseen, den Weißbrunnsee, den Zoggler See und den Pankrazer Stausee. Sie fügen sich hervorragend ins Landschaftsbild ein und geben zusammen mit den umliegenden Bergen (die hintere Eggenspitze mit 3443 Metern ist die höchste Erhebung) dem Ultental sein Aussehen.

Ein so idyllisches Tal will natürlich erwandert werden, dafür gibt es unzählige Touren unterschiedlichster Schwierigkeitsgrade. Besonders schön ist das Schwemmalmgebiet, zu dem auch eine Bergbahn hinaufführt. Oben ist man jenseits der Baumgrenze und kann die gigantische Aussicht und die Ruhe genießen. Dann folgt man dem Waldbrunnenweg über die Außerschwemmalm nach Westen, bis man an einem Talkessel umkehrt, um den Rundweg durch Lärchenwiesen zu beenden.

TIPPS & INFOS

AKTIV: Der Ultentaler Höfeweg führt entlang beider Talseiten, vorbei an unzähligen schönen Bauerhäusern. Startplatz ist das Nationalparkhaus »Lahnersäge«. Dabei besucht man auch die drei imposanten Urlärchen, einige der ältesten Bäume Südtirols, und ein schönes Bergpanorama ist ebenfalls inklusive. Die Strecke lässt sich auch gut in Teilstücken bewältigen, für die Rückfahrt zum Ausgangspunkt fährt dann idealerweise der Bus.

KULTUR: Das kleine Heimatmuseum in St. Nikolaus ist mit sehr viel Liebe zum Detail eingerichtet. Es zeigt uns das Leben im Ultental, wie es früher einmal war.

WEBSITE: www.merano-suedtirol.it/de/ultental.html

»AUCH DER LÄNGSTE MARSCH BEGINNT MIT DEM ERSTEN SCHRITT.«

Laozi

43 MERAN UND SEINE BERGE

Völlig entspannt im Kurort

Meran, die Kurstadt, in die sich schon Kaiserin Sisi verliebt hat, die jedes Jahr Tausende von Urlaubern in ihren Bann zieht, über die jede Menge Reiseführer geschrieben worden sind – kann man da überhaupt abschalten? Garantiert, denn Meran verzaubert mit seinem Charme, meist scheint die Sonne und obendrein bieten die umliegenden Berge genug Freiraum für ruhige Bergtouren. Nicht zu vergessen die vielen Talwanderungen entlang der Waale, der alten Bewässerungssysteme oder über die Passer-Promenaden, die schon seit Jahrzehnten vielen Erholungssuchenden guttun.

Zweimal verfallen und dreimal erblüht, so könnte man die Geschichte Merans in wenigen Schlagworten zusammenfassen. Nach jedem wirtschaftlichen Niedergang erhob sich Meran erneut, erfand sich selbst neu und das jeweils schöner und zeitgenössischer als zuvor. Selbst heute noch, wo viele Kurorte auf der Welt mit Rückgängen zu kämpfen haben, präsentiert sich Meran weltoffen, modern und wandelbar. Immer noch ist es wunderschön über den Tappeinerweg zu lustwandeln. Der Kurarzt Franz Tappeiner hat diesen Weg auf halber Höhe über der Stadt anlegen lassen, im Wissen, wie gut die Luft im Meraner Becken ist. Höher hinauf geht es zu Touren in Hafling oder auf Meran 2000, den großen Hausberg von Meran.

TIPPS & INFOS

GESCHICHTE: Ihren Ruhm als Kur- und Urlaubsort von Weltrang hat Meran der Kaiserin Sisi zu verdanken, die hier zweimal den Winter verbrachte. Damals wollte die ganze Welt in dem Kurort verweilen, wo sich die Crème de la Crème der Königshäuser aufhielt. Der Charme der österreichischen K.-u.-k.-Monarchie ist heute überall noch zu spüren.

AKTIV: Für eine der schönsten Wanderungen lässt man sich mit dem Bus ins Passeiertal nach Salthaus kutschieren. Dort folgt man dem Maiser Waalweg zurück nach Meran. Plätscherndes Wasser begleitet einem über die ganze Strecke, es geht durch Apfelhaine, dschungelgleiche Wegabschnitte, durch kleine Schluchten und entlang der Weinberge mit bester Sicht auf die umliegenden Berge.

WEBSITE: www.merano-suedtirol.it

Piz Rosatsch und Piz Surley bei Samedan im Engadin (links). Guarda ist eines der vielen Dörfer, in denen man die Sgrafittotechnik bewundern kann (rechts).

44 ENGADIN Wo die Gipfel am Himmel kratzen

Das Engadin liegt im Kanton Graubünden in der Schweiz. Der Name stammt aus dem Rätoromanischen, dieser seltenen Sprache, die als vierte Landesprache der Schweiz vor allem im Engadin ihr zuhause hat. »En« bedeutet nichts anderes als Inn, denn der Fluss prägt das Tal in seiner ganzen Länge von gut 80 Kilometern. Es ist eines der höchstgelegenen bewohnten Täler Europas. Links und rechts des Talbodens steigen die Engadiner Berge auf eine enorme Höhe und sind ein Eldorado für Bergsteiger und Wanderer, aber gleichzeitig auch eine enorme Herausforderung für die Einwohner, die mit dieser Höhenlage und all den damit verbundenen Launen des Wetters zurechtkommen müssen.

Die höchsten Gipfel, der Piz Bernina und der Piz Palü, kratzen förmlich am Himmel. Sie erreichen die 4000 Höhenmarke und sind die höchsten Berge des Ostalpenbogens.

Geografisch teilt sich das Engadin in zwei Bereiche auf. Das Oberengadin beginnt am Malojapass. Hier nimmt der Inn seinen Lauf, der etwas oberhalb des Passes im See Lunghin entspringt. Der oberste Talboden ist von Seen geprägt, darunter der Silser See, Silvaplana See und der St. Moritzsee, der am berühmten Wintersportort liegt. Wobei sich St. Moritz auch sehr gut als Ausgangsort für Wanderungen im Sommer eignet. Einige Liftanalagen verkürzen den Aufstieg und mit ihrer Hilfe gelangt man schnell auf die ersten Dreitausender. Bei St. Moritz zweigt auch das Bernina Tal nach Süden hin ab und auch dieses zählt noch zum Engadin.

Das Unterengadin ist jedoch nicht minder schön. Es beginnt bei Zernez und führt bis zum Finstermünzpass, wo die En, nun als Inn, durch eine dramatische Schlucht Österreich erreicht.

Die gewaltige Höhenlage des Engadins spiegelt sich auch in der Flora und Fauna des Tals wider. Im Engadin sind viele seltene Tiere zurückgekehrt, die in anderen Regionen fast ausgestorben sind. Adler und Bartgeier ziehen ihre Kreise am Himmel, Bären und Luchse durchstreifen das Gebiet und mehrere Wölfe wurden sowohl durch Wildkameras dokumentiert, aber auch einige gerissene Schafe deuten jedes Jahr auf ihre Anwesenheit hin. Aber natürlich gibt es darüber hinaus auch Steinböcke, Gämsen und Rotwild und jede Menge pfiffige Murmeltiere.

»HIER IM ENGADIN IST MIR BEI WEITEM AM WOHLSTEN AUF ERDEN.«

Friedrich Nietzsche

TIPPS & INFOS

KULTUR: Mit Sgrafittotechnik verziert, besitzt das Engadin einen eigenen Architekturstil. Viele Häuser sind mit dieser alten Kunsthandwerkstechnik geschmückt. Dabei wird in den feuchten mehrschichtigen Außenputz der Häuser Muster, Symbole oder sogar ein Bild eingeritzt.

AKTIV: Fahrradfahren ist im Engadin ebenfalls gut möglich, entlang des Inns das reinste Kinderspiel. Aber gerade für Mountainbiker sind die Routen schier endlos. Für Bergsteiger führt eine der einfachsten Touren, bei denen man einen Gipfelerfolg von 3207 Metern verbuchen kann, mithilfe der Diavolezza Bergbahn aus dem Berninatal hinauf zum Munt Pers. Gerade einmal 300 Höhenmeter legt man dann noch bis zum Gipfelglück zurück, alles in einer absolut beeindruckenden Berglandschaft.

WEBSEITE: www.graubuenden.ch

Am Grossen St. Bernhard Pass endet das Wallis in Richtung Italien.

45 KANTON WALLIS

Wo die Schweiz am höchsten ist

Im Südwesten der Schweiz befindet sich der drittgrößte Kanton der Schweiz: Wallis. Er ist fast vollständig von Bergen umgeben, deswegen herrscht hier ein eher trockenes Klima mit wenig Nebel und nur 85 Regentagen im Jahr. So gehört das Unterwallis zu den trockensten Tälern Europas. Allerdings erreichen die Berge in diesem Kanton eine Höhe von bis zu 4634 Metern. So gehören sie zu den höchsten Bergen der Schweiz, wie beispielsweise der Dom mit 4545 Metern und der Dufourspitze mit 4634 Metern. Der Genfersee liegt dagegen auf einer Höhe von 372 Metern über dem Meeresspiegel, dem tiefsten Punkt der Region.

Im Unterwallis, an der Grenze zu Frankreich, in Verbier und Val de Bagnes hat man einen fantastischen Panoramablick auf das Grand-Combin-Massiv und den Mont Blanc. Hier findet man Mountainbike-Strecken, Wanderwege, urige Bergdörfer und mit dem oberen Val de Bagnes eines der größten Naturreservate der Schweiz. Zwischen dem Genfersee und dem Dents du Midi liegt Portes du Soleil – Chablais. Mit seinen Bergsportorten Champéry, Val-d'Illiez-Les Crosets-Champoussin, Morgins und Torgon ist der Ort zu einem schweizerisch-französischen Gebiet geworden, in dem man urige Almhütten und Bergseen wie den Lac Vert, Taney und Salanfe entdecken kann. Über dem Rhonetal liegt Crans-Montana auf einem sonnenreichen Hochplateau in 1500 Metern. Der Ort versprüht sowohl den Charme eines idyllischen Bergdorfs als auch den einer modernen Stadt. Er ist Zentrum des Golfsports. So wird hier alljährlich eines der bekanntesten Golfturniere Europas veranstaltet.

TIPPS & INFOS

AKTIVITÄTEN: Wer Bergwelten liebt, sollte sich einen Ausflug zum berühmten Matterhorn nicht nehmen lassen. Der majestätische Gipfel liegt zwischen den Walliser Alpen, Zermatt und Breuil-Cervinia.

KULINARIK: Eine regionale Spezialität ist das Walliser Fruchtbrot, das aus einem sättigenden Roggenteig gefüllt mit Trockenfrüchten hergestellt wird. Berühmt ist das Wallis auch für seinen aromatischen und würzigen Bergkäse. Nicht zuletzt sind auch die Walliser Brättli oder die traditionelle Süßspeise Sii ein absolutes Muss für Feinschmecker.

WEBSITE: www.swiss-finest.de

Die Südseite des Matterhorns (4478 m) ist über dem blauen See bei Breuil-Cervinia kaum zu erkennen.

46 AOSTATAL

Unbeschreiblich schön

Das majestätische Aostatal grenzt im Norden an die Schweiz, im Westen an Frankreich und im Osten an das Piemont. Es ist von einer wunderbaren Gebirgslandschaft mit mehreren Viertausendern, Wildbächen und einer alpinen Fauna und Flora umrahmt. Umgeben von den höchsten Bergen der Alpen – Mont Blanc, Monte Rosa und Matterhorn im Norden sowie Gran Paradiso im Süden – bietet das oberitalienische Aostatal Wanderern herrliche Fernblicke. Nirgendwo sonst in den Alpen liegen grüne Almwiesen und eisstrotzende Granitberge so nah beieinander. Über dem himmlischen Tal thronen dazu noch 82 Burgen, meist von der Adelsfamilie Challant errichtet, um ihr strategisch wichtiges Gebiet zu schützen. Einen Besuch wert sind übrigens das Schloss Savoyen am Fuß des Ranzola-Passes und das Königliche Schloss von Sarre. Der Nationalpark Gran Paradiso erstreckt sich über eine Gesamtfläche von 70000 Hektar und reicht von der nur 800 Meter hoch gelegenen Talsohle bis hin zum Gran Paradiso mit seinen 4061 Metern. Es ist eigentlich nicht möglich, den Park zu erkunden, ohne auf heimische Tiere zu stoßen. Der Steinbock ist das Symbol des Parks. Er ist teilweise sehr zutraulich, man sieht ihn häufig beim Weiden. Neben dem Steinbock kann man zahlreiche Gämse und Murmeltiere entdecken. Zu den hier heimischen Vogelarten zählen Raubvögel wie der Steinadler sowie viele kleine Sperlingsarten. Der einst ausgestorbene Bartgeier ist durch ein Projekt wieder in die Alpen zurückgekehrt so wie der Luchs.

TIPPS & INFOS

KULINARIK: Die Küche ist herzhaft. Es finden sich einige Eintöpfe und viele Gerichte mit Fleisch sowie ausgezeichneter Käse. Auch besonders feine Weine werden im Aostatal hergestellt. Besonders zu empfehlen ist der aromatische Gewürztraminer, der im Tal hergestellt wird.

SEHENSWÜRDIGKEITEN: Ein Besuch der Hauptstadt der Region sollte natürlich nicht fehlen. Aosta ist eine sympathische, kleine Stadt und der Mittelpunkt der Region. Man entdeckt einige römische Schätze, wie beispielsweise die Römischen Mauern, die Porta Preaetoria, den Augustusbogen oder das beeindruckende Römische Theater.

WEBSITE: www.oberitalien.de

Vogesen: Auf mystischen Pfaden zu magischen Orten (links). Der Lake District mit seinem Scafell Pike ist eine UNESCO gekrönte eindrucksvolle Berg- und Seenlandschaft des Vereinigten Königreichs (rechts).

47 VOGESEN Natur bis an die Grenze

Die Vogesen – les Vosges – sind ein Mittelgebirge im Osten Frankreichs, das vor ca. 50 Millionen Jahren entstanden ist und heute eine Fläche von über 14.000 Quadratkilometern umfasst. Der höchste Berg in diesem europäischen Gebirge ist der Große Belchen mit 1424 Metern. Die Vogesen sind dicht mit Wald bewachsen. Deshalb gehen sie an ihrem nördlichen Rand auch nahtlos in den Pfälzerwald über, der die gleiche Flora beheimatet. Ein Teil der Vogesen unterscheidet sich jedoch im Hinblick auf die Vegetation vom Rest des Areals: Die Hochvogesen ähneln landschaftlich vielmehr den Alpen. Vom Großen Belchen hat man einen atemberaubenden Ausblick: Man sieht die gesamte Rheinebene und den Schwarzwald, und bei gutem Wetter und mit etwas Glück erspäht man in der Ferne vielleicht sogar den Mont Blanc. Ein Stück weiter nördlich liegen die idyllischen Hochweiden der Vogesen, die Hautes Chaumes. Sie laden zu einem entspannten Spaziergang über weite und hoch gelegene Grünflächen ein, von denen man ebenfalls einen wunderschönen Ausblick hat. Direkt neben den Hautes Chaumes trifft man auf ein weiteres Highlight der Vogesen: den wunderschönen Lac Blanc, einer der unzähligen Bergseen der Region. Er hat eine Fläche von 29 Hektar und bietet verschiedene Wanderrouten sowie ein einzigartiges Landschaftsbild. Zeitzeugen der Geschichte der Vogesen sind die vielen Felsenburgen, von denen leider heute nur noch Ruinen vorhanden sind.

TIPPS & INFOS

KULINARIK: Von ländlichen Gasthöfen bis zu edlen Sterne-Restaurants bieten die Vogesen eine Fülle von einfachen oder anspruchsvollen, aber stets köstlichen Gerichten. Man findet Spezialitäten, wie eine Sauerkrautplatte, Bäckeoffe, Fleischpasteten, Quiches, Flammkuchen, Schinken, über Holzfeuer geräuchertes oder nach Edeltanne duftendes Pökelfleisch. Auf keinen Fall fehlen darf der elsässische Münsterkäse. Am besten probiert man ihn in einer Ferme Auberge (Bergbauern-Gasthof) bei einer traditionellen Repas marcaire (Senner-Mahlzeit) aus Gemüsesuppe und auf dem Feuer gegarten Bratkartoffeln mit Speck.

WEBSITE: www.massif-des-vosges.com

48 LAKE DISTRICT UND SCAFELL PIKE

Tolles Duo

Der Lake District ist ein wunderschöner Nationalpark in Großbritannien, der seit Juli 2017 zum UNESCO-Weltkulturerbe gehört. Hohe Berge und klare Gletscherseen prägen die charakteristische Landschaft des Lake-District-Nationalparks in den Cumbrian Mountains im Norden Englands. Einer davon ist der Scafell Pike. Mit 978 Metern ist er der höchste Berg Englands und bietet einen herrlichen 360-Grad-Blick. Eigentlich ist der Scafell Pike ein riesiger Steinhaufen inmitten des vulkanischen Gürtels der südlichen Cumbrian Mountains und eine überlebende Erinnerung an die turbulente Vergangenheit des Berges. Das kann man an seinen felsigen und zerklüfteten Wegen sehen. Meist sind die einsamen und gleichzeitig wilden Pfade auf den höchsten Gipfel Englands mit Regen und Nebel umhüllt. Durch das Vulkangestein, die starken Regenfälle und die hier sehr tiefen Gletschertäler bildeten sich hier einst mehr als ein Dutzend Seen, darunter auch der tiefste von Großbritannien. Ruhe und Erholung findet man vor allem im nordwestlichen Teil des Parks. Dort befindet sich der See Crummock Water, der von steilen Klippen flankiert ist. Er wird von dem größten Wasserfall des Lake District gespeist, dem Scale Force. Wer den tiefsten See Englands entdecken möchte, sollte das Wasdale-Tal im Westen des Parks aufsuchen. An den Ufern des 79 Meter tiefen Talsees bieten sich spektakuläre Aussichten auf die umgebenen Seenlandschaft und die hohen, rauen Berge, die auch das Logo des Nationalparks bilden.

TIPPS & INFOS

ANREISE: Der Lake Distrikt Nationalpark befindet sich in Cumbria im Nordwesten Englands. Die West Coast-Bahnlinie verläuft im Osten und bedient von London und Glasgow aus Oxenholme, Penrith und Carlisle. Auch von Manchester aus gibt es Zugverbindungen. Kleinere Orte wie Coniston sind mit Bussen zu erreichen. Mit dem Auto ist der Lake District über die M6 zu erreichen. Rund um den Nationalpark befinden sich etwa ein Dutzend kostenpflichtiger Parkhäuser.

SONSTIGES: Besucherzentren des Lake District Nationalparks befinden sich in Ullswater, Beckside Car Park, Glenridding CA11 0PD, Glebe Road, Bowness on Windermere Cumbria LA23 3HJ und Moot Hall, Keswick CA12 5JR.

WEBSITE: lakedistrictpeaks.co.uk

Eigenwillige Baustile finden sich in den abgelegenen Bergen, wie die Chapelle Notre-Dame de Piétat bei Saint-Savin.

»AFRIKA FÄNGT BEI DEN PYRENÄEN AN.«

Sprichwort

49 NATIONALPARK PYRENÄEN

Fast am Ende der Welt

Es ist ein bisschen schwierig, nur einen einzigen perfekten Platz zum Abschalten in den Pyrenäen auszuwählen. Die Pyrenäen zwischen Frankreich und Spanien sind einfach zu groß und zu schön dafür. Aber ziemlich genau in der Mitte des grenzüberschreitenden Gebirgszuges liegt der Ort Argelès-Gazost, ein idealer Ausgangspunkt, um einige seiner Naturwunder zu erkunden. Hinter der 3000 Seelen Gemeinde teilt sich die Straße in zwei Täler. Die eine führt nach Cauterets, einem beliebten Kurort mit vielen Heilquellen. Von dort kann man weiter durch das Tal mit seinen vielen Wasserfällen zur Pont d'Espagne am Talschluss fahren.

Das andere Tal führt weiter in Richtung Westen und endet am Dorf Gavarnie mitten im Herzen des Nationalparks Pyrenäen, an der Grenze nach Spanien. Hier scheint die Welt zu Ende zu sein, es führt kein Weg weiter. Das riesige Parkareal vor dem Dorf deutet jedoch darauf hin, dass es mit dem Ort etwas Besonders auf sich hat. Jetzt geht es nur zu Fuß weiter. Und so startet man im Dorf zu einer Wanderung und folgt dem Flusses Gave de Gavarnie. Der plätschernde Wasserlauf führt über zahlreiche Steinbrücken zu einem der spektakulärsten Naturwunder der Pyrenäen, dem Cirque de Gavarnie. Der imposante Gebirgskessel mit seinen ungeheuerlich hohen Felswänden und einem riesigen Durchmesser wurde 1997 zum Weltkulturerbe erklärt. Je nach Jahreszeit stürzen sich von den obersten Kanten der Felsen mehrere Wasserfälle in die Tiefe. Mit einer Höhe von 422 Metern zählt der Grande Cascade dabei zu den höchsten Wasserfällen Europas. Angesichts der massiven Wände spürt man die Kraft der Natur und fühlt sich als Mensch auf einmal sehr klein.

Wer sein Quartier in Argelès-Gazost aufgeschlagen hat, kann noch weitere Höhepunkte der Pyrenäen besuchen. Unmittelbar südlich des Ortes liegt der malerische Weiler Saint Savin mit seiner mittelalterlichen Klosterkirche. Oder man fährt nach Osten über den Col du Tourmalet, einem der berüchtigten Pässe der Tour de France zum 2800 Meter hohen Pic du Midi de Bigorre, einem gewaltigen Aussichtsgipfel mit Observatorium, den man noch dazu leicht mit der Gondelbahn erreichen kann.

TIPPS & INFOS

NATUR: Ein Tal westlich von Argelès-Gazost liegt das Tal von Laruns. Hier führt der Petit Train d'Artouste, in einer spektakulären Höhe weit hinein in das Seitental Soussouéou zum Bergsee Lac d'Artouste. Die Bahn wurde einst für die Bergarbeiter angelegt, heute dient sie Wanderern als Zugang zu einigen herausragenden Wanderrouten im Nationalpark Pyrenäen: www.artouste.fr

ANREISE: Mit dem Flugzeug geht es nach Pau und von dort am besten weiter mit dem Leihauto über Lourdes nach Argelès-Gazost. Es gibt öffentliche Verkehrsmittel, aber die Fahrten sind sehr langwierig. In Argelès-Gazost gibt es viele Übernachtungsmöglichkeiten und auch einige sehr gute Campingplätze.

WEBSEITE: www.france-voyage.com

Am Lac d'Artouste zeigen sich die Pyrenäen von ihrer schönsten Seite.

Der markante Roques de García ist eines der Wahrzeichen im Teide Nationalpark (links). Teneriffas Teide besitzt wirklich gigantische Ausmaße (rechts).

50 TEIDE UND TENERIFFA

Der Berg der Superlative

Der aus der Wolkendecke ragende Teide auf der Kanareninsel Teneriffa ist ein Berg der Superlative. Mit 3718 Metern über dem Meeresspiegel ist er der höchste Gipfel Spaniens. Aber seine Größe verlängert sich unter dem Meeresspiegel um ein Vielfaches und reicht so weit hinab zum Meeresboden, dass der Teide der dritthöchste Inselvulkan der Welt ist. Erloschen ist der Vulkan noch nicht, der Riese befindet sich nur seit etwas mehr als 100 Jahren in einem Dornröschenschlaf, der letzte Ausbruch fand 1909 statt. Alleine durch seine mächtige Größe prägt der Teide nicht nur Teneriffa, er ist auch von vielen anderen Kanarischen Inseln aus gut zu sehen, vor allem, weil sein Gipfel fast das ganze Jahr über schneebedeckt ist. Das ganze Gebiet rund um den Teide ist ein Nationalpark und landschaftlich natürlich der Höhepunkt für alle Teneriffa Urlauber.

Auch wenn der Berg so hoch ist, ist es nicht schwierig, auf den Teide zu gelangen. Teneriffas Straßennetz ist gut ausgebaut und fast von jeder Himmelsrichtung führt eine Straße auf den Vulkan. Allein schon diese Fahrt ist ein Erlebnis. Über unterschiedliche Klimazonen mit verschiedenster Flora und Fauna fährt man vorbei an vielen Aussichtspunkten, den sogenannten Miradors, immer höher und erreicht dabei das auf den ersten Blick wüstenähnlich anmutende Lavagebiet des Vulkans. Spektakuläre Felsformationen wie die Los Roques liegen am Weg, aber auch das Nationalpark-Besucherzentrum lädt zu einem Stopp ein.

Die Gipfelbesteigung selbst vereinfacht eine Seilbahn. Die Talstation des Teleférico del Teide liegt in einer Höhe von 2356 Metern. Schon von der Bergstation hat man einen tollen Blick über den gesamten Nationalpark und die Insel. Von dort führen Wanderwege zu den Aussichtspunkten »La Fortaleza« oder »Pico Viejo«. Der Aufstieg zum höchsten Punkt bleibt den meisten jedoch verwehrt. Den eigentlichen Gipfel erreicht man nur mit einer Sondergenehmigung des Nationalparks, bei fast 5 Millionen Besuchern jährlich sicherlich keine schlechte Entscheidung.

»WANDERN IST EINE TÄTIGKEIT DER BEINE – UND EIN ZUSTAND DER SEELE.«

Josef Hofmiller

TIPPS & INFOS

SPECIAL: Die Tickets für die Liftfahrt auf den Teide sollte man unbedingt vorab im Internet reservieren und am besten in aller Früh auf den Berg gondeln. Nur dann kann man den Teide in aller Ruhe genießen. Einmalig ist auch das Erlebnis zum Sonnenuntergang auf den Berg zu fahren. Diese Spezialtickets gibt es ebenfalls online zu kaufen: www.volcanoteide.com

NATUR: Das Gebiet rund um den Teide zählt zu den besten Sternenspots der Welt. Hier im Atlantik stören keine Lichtquellen und der Nachthimmel ist einfach gigantisch. So hat man die Sterne noch nie leuchten sehen. Diese gigantische Lichterspektakel kann man auch schon von der Straße unterhalb des Gipfels beobachten.

WEBSITE: www.volcanoteide.com

Selbst in den Pyrenäen ist es noch ein weiter Weg bis Santiago de Compostela auf dem Jakobsweg.

MEHRTAGES-WANDERUNGEN

Zu Fuß und ganz nah an den Wundern der Welt

Draußen unterwegs sein, Natur erkunden, Landschaft genießen, frische Luft tanken, Neues entdecken und herrlich entspannte oder sportlich ambitionierte Wanderungen erleben – das ist Erholung pur.

Wer das Erlebnis »Wandern« noch intensiver erfahren möchte, startet auf eine mehrtägige Wandertour. Durch ganz Europa spannt sich ein dichtes Netz an Wanderwegen. Es gibt länderübergreifende extrem lange Wege, die als Europäische Fernwanderwege ganz Europa von Nord nach Süd und von West nach Ost miteinander verbinden. Bekannte Weitwanderwege, wie der Jakobsweg, der Grande Traversata delle Alpi oder die Wege des Grand Randonee (GR-Fernwanderwege) sind ebenfalls länderübergreifend. Daneben gibt es eine große Anzahl kleinerer, manchmal auch nur regionaler Wege, die die Entscheidung, welchen Weg man wählen sollte, nicht einfacher machen.

Einige der schönsten Wege

Der Küstenweg durch das Landschaftsschutzgebiet der **Cinque Terre** im italienischen Ligurien. Die pittoresken Dörfer, die fantastischen Ausblicke auf das Mittelmeer und die Jahrhunderte alte Kulturlandschaft, die auf Terrassen über dem Wasser angelegt wurde, machen diesen Weg zu einer Traumroute: www.cinqueterre.com

Entlang der nordirischen Küste führt **der Causeway Coast Way** in 3 Tagen von Ballycastle nach Portstewart. Landschaftliche Höhepunkte sind die Hängebrücke oder der Giants Causeway mit seinen Basaltsäulen: www.causewaycoastway.com

Viel Genuss und Kultur liegen auf dem deutschem **Moselsteig** zwischen Trier und Cochem. Der Weg folgt vor allem dem Fluss und seinen vielen Schleifen. Zwischen den Weinbergen gibt es zahlreiche Burgen, Klöster und mittelalterliche Stadtbilder zu entdecken: www.mosel.de

Wer sich gerne dem Wind und dem Wetter aussetzt und ganz nah am Puls der Natur wandern möchte, der begibt sich auf den **Laugavegur Weg** nach Island. 5 Tage, rund 80 Kilometer und 2700 Höhenmeter führen den erfahrenen Wanderer zu heißen Quellen, durch Mondlandschaft und Gletschern: www.visiticeland.com

1300 Kilometer, durch sechs Länder des Balkans führt die **Via Duinarica**. Der sehr ursprüngliche Weg lässt Platz für viele Abenteuer und entführt den Wanderer in die entlegensten Ecken, zwischen Slowenien und Nord-Mazedonien: www.trail.viadinarica.com

Die **Via Nova** ist ein junger Pilgerweg, der kein bestimmtes Ziel hat, sondern über mehrere historischen Wege verläuft, z.B. mit Startplatz in Pribram/Tschechien oder Passau/Bayern und Zielpunkt in Bogen/Bayern oder St. Wolfgang/Österreich. Dabei verbindet er die Länder Österreich, Tschechien und Deutschland. Er gilt als spiritueller Pfad, der sich nicht an bestimmte Konfessionen richtet: www.pilgerweg-vianova.eu.

Auf den Schwingen des Adlers führt der Adlerweg über 33 Etappen durch die schönste Bergwelt von Österreich. Von Hütte zu Hütte in der hochalpinen Bergwelt erlebt man das Tal nur aus der Adlerperspektive. Wilder Kaiser, Brandenberger Alpen, Karwendel, Wettersteingebirge, Lechtaler und Tuxer Alpen werden dabei durchquert und zum Finale geht es in die Vendiger Gruppe: www.tirol.at

Von München an die Adria ist einer der beliebten Wege die Alpen zu überqueren.

Je einsamer und abgelegener das Gebiet, desto schwieriger ist oft die Wegbeschilderung.

Leben wie Gott in Frankreich – das kann man schon mal an den Stränden von Menton.

LUST AUF WASSER

Zwischen pulsierendem Leben und der Stille der Natur

Am Wasser steht die Zeit still. Nur wenige Minuten am Ufer sitzend reichen aus und man vergisst den Alltag. Aber Wasser bedeutet auch Leben und da, wo gutes Wasser ist, pulsiert ein Lebensgefühl von Freiheit, Gelassenheit und Unbeschwertheit. Dabei ist es egal, ob man gerade an einem See, am Meer oder an einem Fluss abschalten möchte.

Und die Flüsse, Meere und Seen Europas können sich wirklich sehen lassen. Wasser ist der perfekte Platz für eine Auszeit und Europa ist reich an Wasser, wenn auch nicht überall an sauberem und reinem Trinkwasser. Aber das »Nass«, das vorhanden ist, ist energiegeladen, atemberaubend schön, gleichzeitig still und manchmal mächtig, rauschend, fließend und plätschernd, spiegelglatt oder auch wellenbrechend, alle Varianten sind vorhanden.

Gleichsam schweigend und staunend blickt man auf die Natur, die sich, angesichts der Tatsache, dass der Ursprung des meisten Wassers immer auf winzig kleine Schnee- oder Eiskristalle zurückzuführen ist, als wieder einmal übermächtig erweist. Jetzt darf man sich Zeit nehmen, Zeit, um sich einen Platz am Wasser zu suchen und das, je nach Lust und Laune in der Stille der Natur oder nah dran am pulsierenden Leben.

5X ABSCHALTEN UND RUNTERKOMMEN

Finale Ligure – an der italienischen Riviera, historisches Städtchen mit schönen Bademöglichkeiten: turismo.comunefinaleligure.it

Mecklenburgische Seenplatte – ein Labyrinth an Seen und Wasserstraßen in einer der beliebtesten deutschen Urlaubsregionen: www.mecklenburgische-seenplatte.de

Lofoten – hoch im Norden im Reich der Wikinger und Seefahrer liegt die ungezähmte Inselgruppe im Nordatlantik: www.visitnorway.de

Salzkammergut – Österreichs Traumkulisse für Habsburger Geschichte, Bergsteigerziele, genussvolle Auszeiten und der Spurensuche nach dem weißen Gold inmitten einer Seenplatte: www.salzburger-seenland.at

Bodensee – das Dreiländereck mit Deutschlands größtem Gewässer durch das der Rhein fließt: www.bodensee.eu

Die Lofoten-Inseln sind auf dem Weg zur Zertifizierung als nachhaltiges Reiseziel, um den negativen Auswirkungen des Tourismus auf die Umwelt systematisch entgegenzuwirken (links). Riesige Eisskulpturen sind zu bestaunen (rechts).

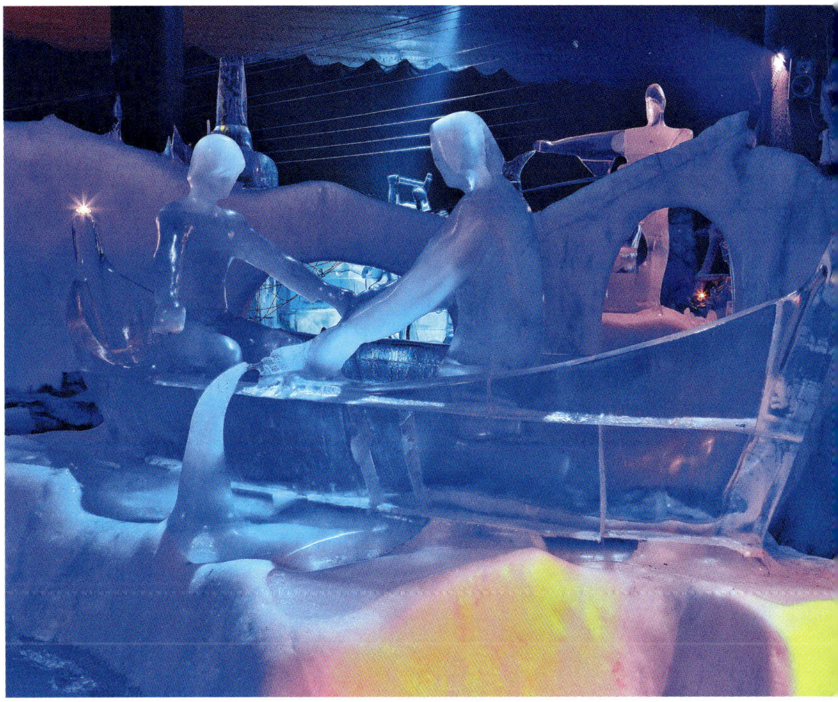

51 LOFOTEN INSELN Ungeschminkte Schönheit

Nördlich des Polarkreises befindet sich die zu Norwegen gehörende Inselgruppe der Lofoten. 80 traumhafte Inseln. Wenn die Sonne bei glasklarer Luft vom Himmel lacht, zeigt sich die norwegische Inselgruppe von ihrer schönsten Seite. Auch wenn hier neun Monate lang Winter herrscht, entfalten die Inseln im Frühling einen außergewöhnlichen Zauber. Der im Norden des Landes gelegene Archipel gilt als einer der schönsten weltweit und ist eine absolut ungeschminkte Schönheit. Und das nicht ohne Grund. Die einzigartige Landschaft lockt mit schroffen, aus dem Meer in die Höhe ragenden Bergen, weißen Sandstränden, kleinen Fischerdörfern mit bunten Häusern und einem azurblauen Meer. Hinzu kommen die freundlichen Einheimischen und die leckeren regionalen Gerichte.

Die frühesten Siedlungsspuren auf den Lofoten stammen übrigens aus der Steinzeit. Zur Zeit der Wikinger vor rund 1000 Jahren war der Archipel ein wichtiges Häuptlingstum. Seitdem ist der Fischfang der Hauptgrund für die Menschen, sich hier niederzulassen, und Fisch ist noch immer der wichtigste Exportartikel. Seit Jahrhunderten reisen Fischer im Winter hierher, um am Kabeljaufang teilzunehmen. Die Fischereiindustrie hat charmante kleine Dörfer hervorgebracht. Charakteristische Ansammlungen farbenfroher Fischerhütten liegen eingebettet zwischen den steilen Bergen und dem tosenden Meer. In authentischen Fischerdörfern wie Henningsvær und Reine kann man einen Einblick in das Leben der Lokalbevölkerung bekommen.

Eigentlich ist es unmöglich, eine der Inseln zu empfehlen. Denn man muss eigentlich so viel als möglich von dieser atemberaubenden Landschaft sehen. Wie wäre es beispielsweise mit einer kleinen gemütlichen Fischerhütte in der 4500 Einwohner großen Hauptstadt der Lofoten, in Svolvær? Die kleine Stadt ist der perfekte Ausgangspunkt für Ausflüge auf den Lofoten. Von hier aus kann man beliebte Anlaufpunkte wie etwa das Wikinigermuseum der Lofoten oder auch eine ehemalige Kaviarfabrik besuchen, die heute abstrakte Kunstwerke aus aller Welt ausstellt.

DIE GEGENSÄTZE DER LOFOTEN BILDEN EINE EINZIGARTIGE LANDSCHAFT.

TIPPS & INFOS

REISEZEIT: Überaus lohnend ist ein Besuch der Lofoten zur Zeit der Mittsommernacht, die von ca. Ende Mai bis Mitte Juli herrscht und zu der die Nächte taghell sind. Ein echtes Naturspektakel sind die faszinierenden Nordlichter, die man zwischen September und April bestaunen kann.

ÜBERNACHTUNG: Es ist nahezu unmöglich, nur eine dieser faszinierenden Inseln zu empfehlen. Bei einem Besuch sollte man so viel als möglich von dieser atemberaubenden Landschaft entdecken. Was die Unterkunft angeht, kann man sich beispielsweise ein bis zwei besondere Orte aussuchen, von denen man die Ausflüge plant. Wie zum Beispiel eine Fischerhütte in Svolvær, der 4500 Einwohner großen Hauptstadt der Lofoten. Dieses kleine Städtchen ist der perfekte Ausgangspunkt für Lofotenabenteuer.

WEBSITE: www.visitnorway.de

Slussen, die Schleuse, trennt den Mälaren See von der Ostsee und damit von der Altstadt Stockholms (links). Die Dünen von Skagen: Wenn Nord- und Ostsee bei sanftem Wind einander liebkosen ... (rechts)

52 MÄLAREN SEE

Inselwelten und Wikingererbe

Der drittgrößte See in Schweden befindet sich inmitten romantischer Urwälder. Er zeichnet sich besonders durch seine über 7000 kleinen und mittleren Inseln aus und erstreckt sich zwischen dem Stadtgebiet Stockholms und den Kleinstädten Köping und Kungsör in Västmanland. Dazwischen liegen über siebzig Kilometer, auf denen sich Gewässerarme, Buchten, Inseln und Brücken aneinanderreihen. Seine besondere Gestalt ist faszinierend, denn eine große, geschlossene Wasserfläche bildet der Mälaren nur in Ausnahmefällen. Oft erscheinen die verschiedenen Arme des Sees als ein unübersichtliches Wirrwarr. Einige von ihnen könnten glatt ein eigenständiges Seengebiet ergeben, so wie beispielsweise der Ekoln: Sein blaues Band zieht sich von den Brücken der Europastraße 18 bei Kungsängen bis zu den südlichen Ausläufern Uppsalas. Dabei umspielt er die Wikingersiedlung und Welterbestätte Birka auf der Insel Björkö, die historische Gartenstadt Sigtuna und das imposante Schloss Skokloster mit seinen weißen Fassaden. Nicht weit sind zudem die Schlösser Gripsholm und Drottningholm.

Manche dieser Inseln kann man sogar mit einem gemieteten Boot besuchen. Wanderungen und Spaziergänge sind hier wie fast überall in Schweden problemlos machbar. Die Inseln beherbergen seltene Tierarten, die zum größten Teil unter Naturschutz stehen. Mit etwas Glück kann man am Ufer sogar Elche in ihrem natürlichen Lebensraum beobachten.

TIPPS & INFOS

AKTIVITÄTEN: Weil der See zu den fünf größten Gewässern Schwedens gehört, braucht man keinen Anglerschein und keine Genehmigung, um ein Boot zu steuern. Allerdings ist das Trollingangeln nicht erlaubt. Von den über 30 beheimateten Fischarten gehören Aal, Barsch, Forelle, Hecht, Karpfen, Lachs, Maräne und Zander zu den häufigsten Fischen im See. Fangbeschränkungen gelten z.B. für Aale, die mindestens 60 cm lang sein sollten, mit Ausnahme von Blankaalen.

ÜBERNACHTUNG: Zelt, Wohnwagen oder Wohnmobil sind optimal, um die wunderschöne Landschaft zu erkunden. Dafür bieten sich folgende Campingplätze an: Skikloster Camping, 50 Kilometer südlich von Uppsala; Stockholm Flottsbro, 30 Kilometer südwestlich von Stockhol; Mälarbadens Camping, vier Kilometer nördlich von Torshälla.

WEBSITE: www.visitsweden.de

53 SKAGENS GREN

Wo Nord- und Ostsee aufeinandertreffen

Skagen ist die nördlichste Stadt Dänemarks. Die Stadt selbst verzaubert durch seine Stille und Naturbelassenheit. Anstelle einer urbanen Großstadt findet man ein beschauliches Dorf mit den ikonischen weißen Streifen auf den Dächern und zahlreiche Sehenswürdigkeiten in der Umgebung.

Einen traumhaften Ausblick hat man in den Dünen von Grenen mit Blick auf den Leuchtturm Skagen Grå Fyr (der »Graue Leuchtturm«). Der 1858 gebaute Leuchtturm ist mit 46 Metern der zweithöchste in ganz Dänemark. Wer mag, kann ihn auch besteigen. Dazu muss man 210 Stufen überwinden. Die umwerfende Aussicht von der Plattform über den Dünen ist die ganze Mühe auch wert. Mindestens genauso beeindruckend ist es, den Sonnenuntergang aus der Ferne mit Blick auf den Leuchtturm zu genießen. Die beste Möglichkeit Skagen zu erkunden, ist natürlich mit dem Fahrrad. Auf der entspannten Radtour sollte man Halt am ältesten Leuchtturm Skagens, dem Wippfeuer (Vippefyr), machen. Der nachgebaute Wippfeuer ist kein Leuchtturm im herkömmlichen Sinne. Es ist eine Konstruktion, in dem früher in einem Korb ein Holz- oder Kohlefeuer in die Höhe gehievt wurde. Grenen, auch Skagens Gren genannt, ist die Nordspitze Jütlands und Dänemarks. Hier treffen Nord- und Ostsee aufeinander. Ein faszinierender Anblick: An den Wellen erkennt man genau, wo die beiden Meere zusammenfließen. Grenen gehört allerdings zu den Highlights Dänemark. Bis zum äußersten Ende braucht man etwa eine halbe Stunde zu Fuß.

TIPPS & INFOS

KULINARIK: Sowohl Fisch- als auch Fleischgerichte sind ein fester Bestandteil der dänischen Küche. Zu den besonders bevorzugten Fischgerichten gehört der Torsk, Dorsch mit Salzkartoffeln und Senfsauce. Natürlich darf auch das Smørrebrød nicht fehlen. Es ist das kunstvoll belegte »Butterbrot«, eines der beliebtesten dänischen Gerichte. Dänemarks Nationalgericht ist allerdings: Stegt flæsk mit knusprigem Schweinefleisch, Petersiliensoße und Kartoffeln.

SEHENSWÜRDIGKEITEN: Von Montag bis Freitag zwischen sieben und acht Uhr findet am Hafen die Skagen Fiskeauktion statt. Man kann zuschauen, wie der frisch gefangene Fisch versteigert wird.

WEBSITE: www.visitdenmark.com

Schloss Urquhart ist nur noch eine Ruine.

»MEIN HERZ IST IM HOCHLAND, MEIN HERZ IST NICHT HIER!«

Robert Burns

54 LOCH NESS Ungeheuerlich schön

Abschalten und abtauchen, das braucht jeder, um Energie zu tanken. Das funktioniert hervorragend an einem kraftvollen Platz wie dem berühmten See Loch Ness in Schottland. Umwoben von Sagen und Legenden und durchschwommen von dem einen oder anderen Ungeheuer ist der zweitgrößte See des Landes ein idealer Ort für fantastische Tage. Der See, ein Überbleibsel der letzten Eiszeit, hat eine Länge von gut 37 Kilometern. Das bedeutet nach Adam Riese mehr als ein doppelt so langes Ufervergnügen. Genug Freiraum, um dem Rummel der Loch-Ness-Touristen, die nach dem Ungeheuer suchen, zu entgehen. Trotzdem bietet der Loch Ness mit dem Städtchen Inverness am Nordende und dem Ort Fort Augustus am Südende des Sees genug touristische Infrastruktur, um für einen angenehmen Aufenthalt zu sorgen. Ein riesiger Vorteil, denn das gibt es nicht überall in den normalerweise eher einsamen Highlands.

Praktischerweise lässt sich so beides verbinden. Entlang der Nord-Westseite des Sees liegen die touristischen Höhepunkte wie der Kaledonische Kanal mit seinen fünf Schleusen, die Burgruine Urquhart, der »Nessie«-Ort Drumnadrochit und natürlich Inverness mit seinem Schloss und der St. Andrews Kathedrale. In jedem größeren Ort auf dieser Uferseite starten Schiffe, mit denen man bei einer Rundfahrt auf dem tiefblauen Wasser nach Ungeheuer »Nessie« Ausschau halten kann. Alternativ kann man sich auch Kajaks oder Kanus leihen, um den See zu erkunden.

Auf der gegenüberliegenden Uferseite hingegen gibt es keine größeren Ortschaften. Hier ist es deutlich einsamer und man findet gleich zur Ruhe. Die Straße führt nur teilweise entlang des Sees, zur Abwechslung geht es auch über die Highland Hügel, die so typisch für Schottland sind. Es gibt weitere eiszeitliche Seen, wie Loch Ashie, Loch Duntelchaig oder Loch Rutven, alle fast völlig unbekannt. Hier zeigt sich die schottische Landschaft besonders schön. Satte grüne Wiesen, blaues Wasser und gleichzeitig die rotbräunlichen Hügelkuppen, die von Erika, Farnen, Moosen und Flechten bedeckt sind. Ein Traum für jeden Outdoorfreund.

TIPPS & INFOS

WANDERN: Wer viel Zeit hat, kann einmal rund um den Loch Ness wandern oder Rad fahren. Der Loch-Ness-360°-Trail führt rund 130 Kilometer in einem großen Bogen um den See. Mit dem Mountainbike (ein anderes Rad eignet sich nicht für die Strecke) braucht man dafür 2–3 Tage, zu Fuß mindestens das Doppelte: www.lochness360.com

NATUR: Nur 24 Kilometer westlich von Loch Ness liegt Glen Affric, ein 30 km langes Tal, das als National Nature Reserve und National Scenic Area unter Schutz gestellt ist. Typisch für das Tal ist der große Bestand an Kiefern, die relativ selten in Schottland vorkommen. Glen Affric gilt als das schönste Tal des Landes.

WEBSEITE: www.visitscotland.com

Ein Segelschiff hat die letzte Schleuse im Kaledonischen Kanal passiert und steuert nun in den See Loch Ness.

55 BOULOGNE-SUR-MER

Ein Schatz an der Opalküste

Plage De Boulogne-sur-Mer ist der weitläufige Strand an der Küste des Ärmelkanals im Zentrum der gleichnamigen Hafenstadt in Nordfrankreich. Die sandige Küste erstreckt sich vom Stadthafen bis zur Promenade von St. Martin. Die Küste von Boulogne-sur-Mer lockt mit malerischer Landschaft für lange Spaziergänge am Meer, aber nicht zum Schwimmen. Das Meerwasser hier ist zu kalt und nur Einheimische wissen, wo sie einzutauchen können. Aber es ist einfach ein toller Ort für meditative Besinnung, Yoga und spannende Wanderungen. Die Küste ist mit erstaunlich sauberem, schneeweißem Sand bedeckt. Obwohl es oft ziemlich windig ist, gibt keine großen Wellen. Ein Highlight sind die sehr starken Gezeitenströmungen, die für diese französische Küste charakteristisch sind. Deshalb ruht man sich hier meist auf Handtüchern statt auf Liegen aus oder mietet eines der weit vom Meer entfernten Häuser an.

Aber auch die Stadt Boulogne-sur-Mer ist ein absolutes Highlight. Es ist eine Stadt wie keine andere. Wer sich Zeit nimmt, sich in den verwinkelten Gassen zu verlieren, wird von ihrer unglaublichen Vielfalt begeistert sein. Man kann fast sagen, es gibt nicht nur ein, sondern »mehrere« Boulogne-sur-Mer. Denn während die Unterstadt im Rhythmus des Fischereihafens und ihres Einkaufsviertels lebt, taucht man in der hoch oben auf einem Felsvorsprung gelegenen Altstadt in eine 2000 Jahre alte Vergangenheit ein.

TIPPS & INFOS

KULINARIK: Die Stadt Boulogne-sur-Mer ist berühmt für seine Gastronomie und hauptsächlich auf Meeresfrüchte orientiert. Miesmuscheln, Makrele in Weißwein, Jakobsmuscheln, Rollmops und gesalzener Hering, »Kippers« genannt, sind neben Käse und Bier die regionaltypischen Delikatessen von Boulogne-sur-Mer.

ANREISE: Boulogne-sur-Mer liegt westlich von Calais zwischen den Naturschönheiten der Somme-Bucht und dem Küstenstreifen der Deux-Caps. Mit dem Reisebus erreicht man die Stadt am besten über die Autobahn A16 (ca. 2 Stunden von Brüssel, 2 Stunden von London und 2 Stunden von Reims).

WEBSITE: www.france-voyage.com

Boulogne-sur-Mer ist zweifelsohne eines der schönsten Schmuckstücke der französischen Opalküste (links). Die Anzahl der Flamingos, die sich am Grevelingenmeer aufhält, ist im Laufe der Jahre stark gewachsen (unten).

56 GREVELINGENMEER

Lagunenartiges Wasserlabyrinth

Das Naturschutzgebiet Grevelingenmeer liegt an der Grenze der Provinzen Zeeland und Südholland. Es entstand beim Bau des Brouwersdam (1971) und Grevelingendam (1965). Das Grevelingenmeer ist der größte Salzwassersee Westeuropas und durch eine Durchlassschleuse mit der Nordsee verbunden. Die idyllischen Naturschutzgebiete Hompelvoet, Dwars-in-de-weg und Veermansplaat sind dabei aus ehemaligen Sandbänken entstanden. Trotz Meereswind gibt es hier keine starken Strömungen. Dementsprechend ist eine Bootsfahrt über das Grevelingenmeer eine wunderbare Möglichkeit, die in der Sonne liegenden Seehunde auf den Sandbänken, die seltenen und bedrohten Schweinswale oder die grasenden Rinder auf einer der vielen kleinen Inseln zu beobachten. Wer Glück hat, sieht auch die kleine Gruppe Flamingos, die hier überwintern. Grundsätzlich ist das Grevelingenmeer ein Eldorado für Wassersportler. Ob Tauchen, Surfen, Segeln, Waterjumpen oder Wasserskifahren: Alles ist möglich. Wer allerdings am Grevelingen entlangradelt oder wandert, entdeckt, fühlt, riecht, hört und schmeckt noch viel mehr. Bei Sonnenuntergang am goldgelben Strand von Cadzand entlanglaufen oder den Sonnenaufgang am Strand von Vlissingen genießen. Wer es noch entspannter mag, der kann den ganzen Nachmittag in Westenschouwen von einem Strandcafé zum nächsten flanieren. Die Strände hier gehören zu den saubersten und schönsten in den Niederlanden.

TIPPS & INFOS

KULINARIK: Am Strand, am Hafen und auf dem Deich gibt es jede Menge Restaurants. Jedes für sich hat eigene Spezialitäten und jeder Koch seine eigenen Geheimrezepte. Die Auswahl ist groß. Auch kulinarische Highlights in einem der vielen Sternerestaurants findet man hier. Aber oft ist eine frische Portion gebratener Kibbeling, direkt vom Fischstand, genauso gut.
STRANDGEHEIMNISSE: Strände mit der »Blauen Flagge« sind besonders sauber, sicher und umweltfreundlich. Dazu gehören hier der Berkenbosch, t Zwin, Banjaardstrand, Breezand, Domeinen 2, de Hoge Hilt, Badstrand, Nollestrand und der Vuurtorenpad.
WEBSITE: www.zeeland.com

Die Bootshäuser bei Mirow am gleichnamigen See sind Ferienhäuser und lassen sich mieten.

57 MECKLENBURGISCHE SEENPLATTE

Größtes zusammenhängendes Seengebiet

Wasser, so weit das Auge reicht. An der Mecklenburgischen Seenplatte findet man nicht nur den größten deutschen Binnensee, die Müritz, sondern auch das größte zusammenhängende Seengebiet Deutschlands! Es umschließt die Strelitzer Kleinseenplatte, die Feldberger Seenlandschaft, den Tollensesee, den Kölpinsee und Fleesensee, den Plauer See und die Seenlandschaft Goldberg-Sternberg. Die einzigartige Tier- und Pflanzenwelt in den Großschutzgebieten Müritz-Nationalpark, UNESCO-Welterbe, sowie den Naturparks »Nossentiner/ Schwinzer Heide«, Mecklenburgische Schweiz und Kummerower See und »Feldberger Seenlandschaft« lässt zu jeder Jahreszeit das Herz des ruhesuchenden Naturliebhabers höherschlagen. Die Müritz und unzählige kleine und große Gewässer bieten außerdem ideale Bedingungen für Touren mit einem Hausboot, Kanu oder Kajak. Es gibt sogar Flösse mit kleinen Hütten darauf zu mieten, auf denen man ganz nach Huckleberry-Finn-Art die Gewässer erkunden kann. Aber auch beim Wandern und Radfahrer entdeckt man hier seltene Tiere und Pflanzen. Das Naturerlebniszentrum Müritzeum erklärt, wer und was in der Meklenburgischen Seenplatte lebt. Aber auch Städteliebhaber kommen auf ihre Kosten. Wie in Waren an der Müritz mit seinem neu gestalteten Hafen und seiner historischen Innenstadt. Zum Abschalten eignet sich das historische Heilbad Waren mit seinem idyllischen Kurpark. Ruhe erfährt man auch in Plau am See. Die Kleinstadt gilt als staatlich anerkannter Luftkurort. Und auch für Sternegucker lohnt es sich, denn die geringe Lichtverschmutzung lädt zu einem ausgedehnten Bad im Sternenmeer ein.

TIPPS & INFOS

MÜRITZEUM: Geöffnet von 10:00–19:00 Uhr in Waren. Eintritt Erwachsene 14 Euro, barrierefrei.

AB IN DIE NATUR: Hinaus in die Natur geht es mit dem Hausboot, Wohnmobil oder Zelt. Mit dem Hausboot geht es gemütlich durch die prächtig glitzernde Seenlandschaft. Beim Campingurlaub genießt man das Rauschen der sich im Wind wiegenden Bäume und dem Abendlied der Grillen. Wer neben der Nähe zur Natur auch den direkten Kontakt zu Tieren schätzt, findet hier sein Idyll.

WEBSITE: www.mecklenburgische-seenplatte.de

Mit dem Kahn, dem Kanu oder auf dem Fahrrad kann die Ursprünglichkeit des Spreewalds entdeckt werden.

58 SPREEWALD Lagunenartiges Wasserlabyrinth

Die letzte Eiszeit formte den Verlauf der Spree. Dabei entstand eine lagunenartige Auenlandschaft, die in ganz Europa einmalig ist. Die Flusslandschaft des UNESCO-Biosphärenreservates Spreewald mit ihrem dichten Netz aus knapp 1000 Kilometer Fließgewässern erlebt man am besten vom Wasser aus. So kann man die einzigartige Natur hautnah erleben, denn viele gefährdete Tierarten haben hier ein Rückzugsgebiet gefunden. Mit etwas Glück kann man einen See- oder Fischadler, einen Fischotter oder Biber und einen Weißstorch oder Wiedehopf beobachten. Empfehlenswert ist eine traditionelle Kahnfahrt von Burg oder Lübbenau, der »heimlichen Hauptstadt des Spreewalds«, wie Dichter Fontane sie einst betitelte. Durch den Unterspreewald geht es dabei Richtung Schlepzig. Das ruhige, meditative Gleiten durch die Wasserläufe hat etwas Magisches. Es ziehen malerische Dörfer, lichte Wälder und Wiesen, auf denen die typischen Heuschober emporragen, vorbei. Die zahlreichen kleinen Inselgehöfte sind durch Wasserstraßen miteinander verbunden. In den 200 Jahre alten Häusern werden auch heute noch Brauchtum und Handwerkskünste vergangener Zeiten, wie Kahnbauen, Holzschuhschnitzen oder Korbflechten, gepflegt. Im Museumsdorf Lehde kann man diese Handwerkskünste erleben und den Spreewälder Traditionen nachspüren. Übrigens geht die Mystik dieser Gegend auf seine Sagenwelt zurück, die Kultur der Sorben.

Der Spreewald ist aber auch ideal für Radfahrer. Verschiedene Routen bieten die Möglichkeit, die Intensität und die Länge selbst zu bestimmen.

TIPPS & INFOS

KULINARIK: Über die Grenzen hinweg bekannt ist der Spreewald für seine Gurken. Die besonders humusreichen Böden der Region lassen die Gurken hier besonders gut wachsen. Durch die traditionellen Einlegemethode wird jeder Biss in eine »Spreewald-Gurke« zu einem besonderen Gaumenschmaus.

AB IN DIE NATUR: Ideal, um die Seele baumeln zu lassen, Ruhe und Natur zu genießen und Tiere zu beobachten, ist eine Paddeltour im Spreewald. Am besten startet man rund um die Orte Burg oder Schlepzig. Ansonsten gibt es wunderschöne Rundwege zum Radeln, wie den 260 Kilometer langen Gurkenradweg.

WEBSITE: www.spreewald-info.de

SKIPPER.PL
INSYGNIA

Die Masurische Seenplatte besteht aus einer Vielzahl von Seen in einer Moränenlandschaft.

59 MASURISCHE SEENPLATTE

Naturparadies für Entdecker

Die Masurische Seenplatte gehört zu den schönsten Gebieten Nordpolens. Die hügelige Landschaft ist von der Eiszeit geprägt worden. Wenn man einen Ort sucht, an dem man Hektik und Alltag auf einen Schlag hinter sich lassen möchte, der ist hier genau richtig. Die Region ist ein Paradies für Erholungsuchende, denn neben unberührter und wunderschöner Natur gibt es hier vor allem eines: Ruhe, und zwar das ganze Jahr über, selbst zur Hauptsaison.

Etwa 3000 Seen sowie unzählige kleine romantische Kanäle, dazu ursprüngliche Fluss- und Sumpflandschaften finden wir in dem 46.000 Quadratkilometer großen Gebiet. Allerdings weiß man nicht exakt, wie viele es wirklich sind. Das konnte trotz mehrmaliger Zählungen bislang nicht geklärt werden. Dazu leben hier noch 350 Vogelarten und Tiere wie Elche, Wisente, Biber, Luchse und Wölfe, um nur einige zu nennen. Da viele der Seen über Kanäle miteinander verbunden sind, hat sich in Masuren besonders der Wassersport als Freizeitaktivität etabliert.

Hunderte Segelboote durchqueren jeden Sommer die Gewässer und steuern die verträumten kleinen Dörfer an, die weiträumig über das riesige Gebiet Masuren verstreut liegen. Es gibt in den Gewässern tatsächlich zahlreiche kleine Eilande, auf denen man auch übernachten kann. Aber auch Angler kommen in den klaren Seen voll auf ihre Kosten, genau wie Badende und Schwimmer. Wer es nicht ganz so aktiv mag, setzt sich auf ein Ausflugsschiff und staunt von dort aus über die einzigartige und urtümliche Natur.

Ein perfekter Ausgangspunkt für einen Masuren-Urlaub ist der Ort Lötzen (Gizycko), mit etwa 32.000 Einwohnern die größte Stadt an der Masurischen Seenplatte. Sie liegt zwischen dem Löwentinsee (Niegocin) und dem Kissainsee (Kisajno). Von hier aus kann man zahlreiche Aktivitäten starten, unter anderem auch tolle Fahrradtouren.

Im Ort Nikolaiken (Mikołajki) kennt jeder die Legende vom »Stintehengst«, einem Fischkönig, der hier früher die Boote der Fischer zum Kentern gebracht haben soll. Bis es den Fischern zu bunt wurde und einer von ihnen darauf ein eisernes Netz schmiedete. Damit fing er den Stintehengst und kettete ihn an einen Brückenpfeiler. Unter der Brücke des Talty-Sees erinnert noch heute eine Skulptur an diese Stadtlegende.

»MASUREN IST DIE HARFE UND DAS SPIEL DER WINDE«

Hans Georg Buchholtz

TIPPS & INFOS

REISEZEIT: Während die Seen im Sommer die ideale Basis für einen unvergesslichen Urlaub bieten, locken ganzjährig zahlreiche Highlights und Aktivitätsmöglichkeiten, sodass die Region ganzjährig begeistert.

SEHENSWÜRDIGKEITEN: Nicht entgehen lassen sollte man sich das Schloss Dönhoffstädt in Drogosze, die Basilika des Marienwallfahrtsorts Swieta Lipka oder die ehemalige Ordensburg in Allenstein (Olsztyn), welche heute als Museum genutzt wird.

WEBSITE: www.polen.travel

Als riesiges Paradies für Wasservögel präsentiert sich das Donaudelta (unten). Der Park Sea Garden in Warna führt ans schwarze Meer (rechts).

60 IM DONAUDELTA

Furioses Finale des Europastroms

Die Donau kann man wahrlich als den Strom Europas bezeichnen. Auf einer Länge von 2811 Kilometern durchfließt der Strom, der im schwäbischen Donaueschingen aus dem Zusammenfluss der Brigach und Berg seinen Lauf nimmt, zehn Länder Europas: Deutschland, Österreich, Slowakei, Ungarn, Kroatien, Serbien, Bulgarien, Rumänien, Moldawien und die Ukraine – so viele wie kein anderer Fluss auf der Erde.

Kurz bevor die Donau im Grenzgebiet zwischen Ukraine und Rumänien im Schwarzen Meer endet, zieht der Fluss noch einmal all seine Register. Er setzt zum großen Finale an und bildet ein Flussdelta von gewaltigem Ausmaß. Auf 5800 Quadratkilometer bilden die weit verästelten Flussarme ein Paradies für Natur und Mensch.

Mit Booten startet man von der rumänischen Stadt Tulcea aus in das Wasserlabyrinth. Es lohnt sich einen der kleineren Anbieter auszusuchen, denn nur mit einem kleinen Boot taucht man wirklich in dieses dichte Naturparadies mit seiner einzigartigen Flora und Fauna ein. Leise platscht das Wasser gegen den Rumpf des Schiffes, ein paar Reiher fühlen sich gestört und fliegen auf. Wasserarme, Seen und Schilfzonen lösen sich ab. Dazwischen Seerosenteppiche und Sumpf. Bald hat man die Orientierung verloren. Und zum Grande Finale erhebt sich ein Schwarm Pelikane aus dem Wasser und fliegt mit mächtigen Schwingen davon.

TIPPS & INFOS

FAKTEN: Im Delta teilt sich die Donau in drei große Arme und unzählige Verästelungen sowie schwimmende Schilfinseln, Seen und Auenwälder auf. Jedes Jahr schiebt sie sich bis zu 50 Meter weiter ins Schwarze Meer hinein und lagert Unmengen von Schlick und Sand ab. 1991 hat die UNESCO das Delta zum Weltnaturerbe erklärt, seitdem ist es rumänisch-ukrainisches Biosphärenreservat.

SPECIAL: Sulina ist eine vergessene ehemalige Hafenstadt am gleichnamigen Donaumündungsarm. Diese Stadt ist nur mit dem Schiff erreichbar. Sie war über viele Jahrhunderte ein wichtiger Fluss- und Seehafen, heute leben kaum mehr Menschen hier. Vieles ist verkommen, auch wenn der Ort einen wunderschönen Sandstrand besitzt.

WEBSITE: www.rumaenien-tourismus.de

»GEGEN DEN AUFGANG
STRÖM ICH, DER FREIHEIT, DER MUSEN GEFILDE
LAß ICH HINTER MIR LANG,
EH DER EUXIN MICH NOCH TRINKT.«

Friedrich Schiller

61 WARNA UND SEINE STRÄNDE

Das Gold am Schwarzen Meer

Bulgariens Goldstrand liegt gut 20 Kilometer nördlich von Warna am Schwarzen Meer. Aber schon direkt bei Warna, bulgarisch Varna, beginnen einige Strände mit feinkörnigem, golden schimmerndem Sand. Während am Hauptabschnitt durch den Bau großer Hotelanlagen die Region in den Sommermonaten völlig überfüllt ist, kann man in Warna Stadt und Meer perfekt verbinden. Warna ist eine alte Hafenstadt, die durch den florierenden Handel zu Reichtum kam. Dadurch wurde die Stadt im Laufe der Geschichte jedoch mehrmals erobert. Heute ist Warna mit 330.000 Einwohnern die drittgrößte Stadt Bulgariens. Prunkvolle orthodoxe Kirchen, mehrere Museen, darunter eines mit dem ältesten Goldschmuck Bulgariens, römische Relikte aus dem 2. Jahrhundert n.Chr., das klassizistische Theater Stojan Batschwarow lassen den Besucher die Kultur der Stadt entdecken. Mit das Beste daran ist jedoch der Bummel direkt aus der Altstadt hinunter ans Schwarze Meer. Die Küste ist wunderschön gestaltet. Vor dem im 19. Jahrhundert angelegten Primorski-Park verläuft eine Promenade mit zahlreichen Bars, Cafés und Restaurants. An den Park schließt sich der Meeresgarten an, eine weitere weitläufige Grünanlage mit bunten Blumenrabatten, Skulpturen und einem Zoo. Und wer noch Baden möchte, findet auch in der Stadt einige herrliche Strandabschnitte: Warna Beach, Asparuhovo Beach oder Kappongi Beach, alle mit goldenem Sand.

TIPPS & INFOS

TIPP: Die ideale Reisezeit ist ab Mitte September. Dann sind die Strände schon wieder deutlich leerer, aber man kann immer noch im Schwarzen Meer baden. Auf extreme Gegensätze sollte man sich bei einer Reise in Europas ärmstes Land einstellen. Bulgarien hat wunderschöne Seiten, aber man sieht die jahrelange Misswirtschaft aus den sozialistischen Zeiten noch immer.

KULTUR: Etwa 15 Kilometer von Warna entfernt befindet sich das Höhlenkloster Aladscha. Es wurde über zwei Ebenen in einen etwa 40 Meter hohen Kalksteinfelsen gebaut und geht auf das Mittelalter zurück. Viele Einsiedler führten hier ein zurückgezogenes Leben.

WEBSITE: www.visit.varna.bg

Albaniens Ohridsee bei Lin in der Region Korca (links). Gleich einem Kurpark ist die Uferpromenade im Kurort Balatonfüred am Plattensee angelegt (rechts).

62 OHRIDSEE UND PRESPASEE

Mit die Ältesten Europas

Eindrucksvoll präsentiert sich die Landschaft im Grenzgebiet zwischen Albanien und Nordmazedonien. Dort entdeckt man große, tiefblaue Seen, die zwischen gewaltigen Bergen, schroffen Felsen und sanften Hügeln eingebettet sind. Und sie gehören zu den ältesten Seen Europas. Die Grenzlage bringt der Natur dieser Region dabei nur Vorteile. Obwohl – oder vielleicht gerade deswegen – sie hinter dem Eisernen Vorhang verborgen waren, haben sich unberührte Landschaften erhalten, die heute auf Grund ihrer besonderen Tier- und Pflanzenwelt als Nationalparks geschützt sind.

So besticht die Altstadt Ohrids durch die malerische Lage auf einem Hügel. Von der alten Festungsanlage Kale hat man einen herrlichen Blick auf den wunderschönen Ohridsee. Seit 1980 sind der Ohridsee und Ohrid selbst Teil des UNESCO- Welterbes. Vom Ohridsee führt eine Straße quer durch das Gebirge zum Prespasee. Dieser liegt im Dreiländereck von Albanien, Mazedonien und Griechenland. Er ist umringt von hohen Bergen und seine Ufer verfügen über schöne Strände. Dazu gibt mehrere kleine Inseln. Der Prespasee wird eher weniger von Einheimischen genutzt und so findet man so gut wie keine touristische Infrastruktur. Und wer zum See kommt, nimmt in der Regel Sitzgelegenheiten, Essen und Trinken selbst mit. Ein Idyll für ruhesuchende Naturliebhaber. Übrigens hat man wunderschöne Ausblicke auf den Galičica-Nationalpark.

TIPPS & INFOS

KULTUR: Die Kultur hier ist besonders, denn die Menschen gehören den unterschiedlichsten Ethnien und Religionen an. In Bitola mischen sich christliches und osmanisches Erbe zu einem besonderen Flair. Die Stadt Ohrid zählt zu den ältesten Siedlungen Europas. Gut erhaltene Kirchen und Klöster prägen das malerische Ortsbild des Weltkulturerbes.

GALIČICA-NATIONALPARK: Der Nationalpark ist ein Eldorado für Wanderer. Für umgerechnet 50 Cent Eintritt stehen rund 30 verschiedene Routen für Wanderungen offen. Egal, ob Anfänger oder erfahrener Wanderer, jeder findet hier passende Routen zur eigenen Kondition. Wer den Gipfel des Gebirges erklimmen möchte, sollte auf einen erfahrenen Guide zurückgreifen. Da die Einkehrmöglichkeiten gering sind, muss man Verpflegung für den Tag dabeihaben.

WEBSITE: www.visitmacedonia.eu/prespa-region/

63 PLATTENSEE - BALATON

Das Meer Ungarns

Der von Weinbergen, Vulkanbergen und Thermalbädern umgebene Plattensee ist ein atemberaubendes Gewässer in Westungarn. Das Meer Ungarns, wie es auch genannt wird, lockt Sonnenliebhaber, Feinschmecker, Musikliebhaber und Wassersportler aus vielen Nachbarländern an. Das Gewässer, übrigens der größte See Mitteleuropas, ist außerhalb der Region weitgehend unbekannt und macht einen Besuch zur Entspannung somit nur noch reizvoller. Es ist ein großartiges Reiseziel für jede Jahreszeit und liegt nur eine Autostunde von Budapest entfernt. Besonders reizvoll ist der See jedoch im Sommer, wenn man sich in einem der vielen Seebäder an der Küste von der ungarischen Hitze abkühlen kann. Der Plattensee ist an seiner breitesten Stelle fast 80 Kilometer lang und 16 Kilometer breit. Der Süßwassersee ist wegen der Algen, die im seichten Wasser wachsen, milchig grün. Der Balaton, wie es in der Landessprache heißt, ist sowohl ein Bade-, Segel- und Anglerparadies, und liegt zum Teil in einer malerischen Vulkanlandschaft mit einzigartigen Basaltorgeln, Weinbergen, Burgruinen und unzähligen Aussichtsplattformen. So kann man rund um den See die sanften Hügel des Nordufers durchforsten und einen erloschenen Vulkan im Tapolca-Becken besteigen. Hier mischt sich das kristallklare Wasser in den Seehöhlen des Balatons, etwa 15 bis 20 Meter unter der Oberfläche und bildet ein Höhlensystem, das unbeschreiblich ist.

Die Höhle wurde um 1903 entdeckt und ist seit 1912 für die Öffentlichkeit zugänglich. Sie umfasst mehr als drei Kilometer an Passagen, unterirdischen Karstformationen, engen Kanälen und Gräfenkammern.

TIPPS & INFOS

KULINARIK: Bekannt ist die Landesküche Ungarns vor allem für Gulaschsuppe (Gulyás), Gulasch (Pörkölt), Paprikás, Paprikahuhn (paprikás csirke), Tokány, Esterházy-Torte sowie ungarische Salami. Typisch ungarisch sind außerdem noch die Kolbász-Wurst, Kürtőskalács, der ungarische Baumkuchen, oder Tejföl, die für den Ungarn unverzichtbare saure Sahne.
SEHENSWÜRDIGKEITEN: Zu den Sehenswürdigkeiten in der Region gehören die Thermalbäder in Zalakaros, der größte Thermalsee der Welt in Hévíz, das Barockschloss Festetics in Keszthely und das Dorf Tihany auf einer Halbinsel im Plattensee. Dazu kommen Weingüter, der Balaton-felvidéki-Nationalpark und regelmäßige Festivals wie das Balaton Sound.
WEBSITE: www.visithungary.com

Die außergewöhnliche Naturschönheit wurde schon 1949 zum ersten Nationalpark der Republik Kroatien erklärt.

64 NATIONALPARK PLITVICER SEEN

Ein Ort der verzaubert

Tosende Wasserfälle, glasklares Wasser, große Seen und eine Natur, die verzaubert – das ist der Nationalpark Plitvicer Seen. Das Karstgebiet, das schon vor vielen Jahren zum UNESCO-Weltkulturerbe erklärt wurde, liegt im Hinterland Kroatiens und ist rund eineinhalb Stunden vom beliebten Urlaubsort Zadar entfernt. Bekannt wurde der Nationalpark in Europa vor allem durch die Karl-May-Verfilmungen der 1960er Jahre. Heute lädt der wunderschöne Nationalpark voller Seen und unglaublicher Wasserfälle zu den schönsten Spaziergängen und Wanderungen ein. Im gesamten Seengebiet und weit darüber hinaus gibt es unglaublich viel zu sehen und zu erkunden. Auf acht Wanderrouten schlängeln sich die Wege durch die Natur und je weiter man von den Hauptattraktionen wegkommt, desto leerer wird es. Am besten nimmt man sich sein Picknick mit und macht es sich während einer Pause in der Natur bequem, lauscht den Vögeln, dem Quaken der Frösche und lässt die Natur auf sich wirken. Denn ganz egal zu welcher Jahreszeit, der Nationalpark sieht immer wie verzaubert aus. Inmitten dieser unberührten Natur soll es sogar noch Braunbären geben. Gesichtet werden diese aber nur sehr selten. Zu sehen sind vielmehr kleine flinke Fischotter, die einem an den Bächen und Seen immer wieder vor die Linse hüpfen, wenn man sich still genug verhält. Übrigens ist das Baden nicht erlaubt. Dies dient dem Schutz und dem Erhalt der Natur. Bis auf kleine Fähren, die von der Parkleitung betrieben werden, ist im Nationalpark Plitvicer Seen auch der Bootsverkehr nicht gestattet.

TIPPS & INFOS

FAKTEN ZUM NATIONALPARK: Größe: ca. 296 Quadratkilometer, 50 Kilometer Wanderwege, 16 Seen, 90 Wasserfälle und unzählige Höhlen, zahlreiche Hektar Wald. In den Wintermonaten kostet der Eintritt pro Erwachsenen knapp 7,50 Euro, in der Nebensaison knapp 20 Euro und in der absoluten Hochsaison 34 Euro. Geöffnet ist der Park das ganze Jahr über jeden Tag von 7–20 Uhr. Es gibt zwei Haupteingänge: einen im Norden und einen im Süden, beide befinden sich in der Nähe zahlreicher Wasserfälle und Seen. Zusätzlich bietet ein weiterer Eingang mit dem Namen »Flora« die Möglichkeit, den Nationalpark von einer weniger überlaufenen Richtung aus zu erkunden.

WEBSITE: www.plitvicer-seen.de

65 BLEDER SEE Abbild des Paradieses

Schon von Weitem erkennt man das Wahrzeichen von Bled, den Bleder See. Inmitten malerischer Gebirgslandschaften unterhalb der Julicher Alpen, überragt von einer mittelalterlichen Burg und geziert von einem kleinen Eiland in seiner Mitte schimmert er in der Sonne. Ein wirklicher Postkartenort! Das traumhafte Gewässer bietet wirklich alles, was man sich zur Entspannung ohne jeglichen Stress wünscht. Hier findet man reichlich Ruhe, Natur pur, Aktivitäten im und ums Wasser, wie Besichtigungen der Burg Bled oder der kleinen Kircheninsel in seiner Mitte, bis hin zu unglaublichen Aus- und Anblicken bei Spaziergängen entlang des Ufers. Rings um bieten einige Anhöhen und Hochebenen perfekte Aussichtspunkte, um den Veldeser See – wie er auch genannt wird – zu überblicken. Die Pflanzen- und Tierwelt in und um den See bieten eine große Artenvielfalt. Im See findet man roten und weißen Lotos und viele weitere Pflanzenarten. Im See leben zahlreiche Fischarten, teilweise in erstaunlicher Größe. Übrigens entstand der See von Bled im Laufe der Jahrtausende durch den Rückgang des Bohinjer Gletschers, der den Talkessel mit dem kristallklaren Gletscherwasser füllte. Einige Quellen nähren den Bleder See mit frischem Quellwasser. Vorteilhaft sind die Thermalquellen, die sich im Nordosten des Sees befinden und dort in den Sommermonaten das Wasser auf angenehme 23 °C erwärmen. Der See liegt übrigens am Fuße des Pokljuka-Hochplateaus auf einer Höhe von 475 Metern über dem Meer.

TIPPS & INFOS

ÜBERNACHTUNG: Wer sich ganz in den Schoß von Mutter Natur begeben möchte, findet direkt am Ufer Camping- und Glampingmöglichkeiten.

SEHENSWÜRDIGKEITEN: Zu den schönsten Plätzen für eine traumhafte Aussicht gehören die Bleder Burg und die Aussichtspunkte Velika Osojnica und Mala Osojnica. Eine Wanderung zu den Punkten ist zu jeder Jahreszeit lohnend. Auf der pittoresken kleinen Insel, Blejski Otok in der Mitte des Bleder Sees, finden sich die wichtigsten Sehenswürdigkeiten. Auf die Insel gelangt man nur mittels der Überfahrt mit einem der traditionellen Ruderboote, dem Pletna. Von Bled ist es aber auch nicht weit ins Bohinj Tal, das an den schroffen Ausläufern der Julischen Alpen liegt. Dort befindet sich der Wocheiner See, slowenisch Bohinjsko jezero, ein weiteres Kleinod der slowenischen Seen.

WEBSITE: www.bled.si/de

Südlich von Premantura liegt das offene Mittelmeer (unten). Im Canale Vigo schaukeln kleine Fischerboote (rechts).

66 PREMANTURA Die südlichste Spitze Istriens

Türkisfarbenes Wasser, zahlreiche Buchten, ein malerischer Ort mit Pensionen und Ferienhäusern, dazu ein Naturschutzgebiet und je nach Lust und Laune Sonnenaufgänge oder Sonnenuntergänge; all das gibt es bei Premantura im Süden von Istrien. Istrien selbst ist eine große Halbinsel im Norden Kroatiens. Die schmale zerklüftete Spitze dieser Region ist das Kap Kamenjak. Es steht unter Naturschutz und so konnte sich eine besondere Flora und Fauna entwickeln. Am Kap wachsen seltene Orchideen, selbst die scheue Mönchsrobbe ist wieder zurückgekehrt. Ausgangspunkt für den Besuch ist das Dorf Premantura am Eingang zum Naturpark. Von dort erkundet man bequem mit dem Fahrrad das Kap oder fährt gegen eine Gebühr mit dem Auto hinein. Dann folgt die Qual der Wahl, welche der zauberhaften Buchten man zum Baden aufsuchen möchte. Das Kap ist an seinen Seiten stark zerfurcht mit langen Einschnitten. An seinem Ende befindet sich ein winziger Sandstrand, während entlang der Seiten die Felsen vom Meer geformt wurden, ideal für ein Sonnenbad oder den Sprung ins blaue Meer. An der Südspitze liegt die Safaribar, die einem versteckten Piratennest gleicht. Man sitzt schön schattig unter Schilfwedeln oder auf den Bänken mit Blick auf das endlose blaue Meer. Hier endet Istrien und nur noch der einsame Leuchtturm Porer, der 1833 auf einem winzigen Eiland erbaut wurde, ist am Horizont zu erkennen. Aber die Felsen unterhalb der Bar entpuppen sich als Eldorado für mutige Klippenspringer. Ein würdevoller Abschluss, denn schöner kann man kaum in die Adria hüpfen.

TIPPS & INFOS

KULTUR: Etwas nördlich von Premantura liegt Pula, eine Stadt mit einer langen Geschichte. Die Römer hinterließen ein prächtiges Amphitheater und den Augustus Tempel, die Venezianer ein Kastell, Paläste und Kirchen. Heute ist es eine lebendige Kleinstadt an der Adria, die man auch gut für einen längeren Aufenthalt in Erwägung ziehen kann.

NATUR: Auf Kap Kamenjak kann man sich auf die Suche nach Dinosaurierspuren begeben. Der Themenweg befindet sich in der Bucht Grakalovac Pinizule auf der Westseite der Landzunge, ziemlich bald nach dem Eingang in den Naturpark. Er ist nicht nur für Familien mit Kindern spannend, hier hat jeder seinen Spaß.

WEBSITE: www.istra.hr

»WAS WIR WISSEN,
IST EIN TROPFEN.
WAS WIR NICHT WISSEN,
IST EIN OZEAN.«

Isaac Newton

67 CHIOGGIA Das andere Venedig

Es ist eindeutig: Venedig »la Serenissima« ist einer der schönsten Plätze der Welt und zum Abschalten immer einen Besuch wert. Aber Venedig ist leider auch voll, wenn nicht sogar überlaufen. Alternativ dazu gibt es Chioggia: das etwas andere Venedig. Auch Chioggia liegt in der Lagune von Venedig an der italienischen Adriaküste. Chioggia ist auf einer Insel erbaut worden, die mit einer Brücke mit dem Festland verbunden ist. Dabei ist der Ort in drei Teile gesplittet. Es gibt den großen Hafenbereich auf der Innenseite der Lagune, der Stadtteil Sottomarina liegt zur Adria hin und glänzt mit einem elf Kilometer langen goldenen Sandstrand und vielen Hotels und Ferienhäusern. An der nördlichen Spitze des Lidos bewacht die mächtige Festung Forte San Felice die Einfahrt in die Lagune. Der malerischste Ortsteil ist jedoch ohne Zweifel die Altstadt von Chioggia, die wiederum auf einer eigenen Insel liegt. Sie erinnert wirklich an Venedig, aber natürlich nur in einem winzig kleinen Format. Gerade einmal drei Kanäle durchziehen die engen Häuserreihen. Von der Hauptstraße, dem Corso Popolo, zweigen jedoch ebenso unzählig viele kleine Gassen, sogenannte Calle, ab, sodass man sich in dem verschachtelten Häusergewirr ebenso verlieren kann wie im großen Pendant Venedig. Unbedingt besuchen sollte man die Kathedrale Santa Maria Assunta aus dem 11. Jahrhundert und die Brücke Ponte Vigo, die von venezianischen Löwen bewacht wird.

TIPPS & INFOS

SPECIAL: Chioggia ist für einen großen Fischmarkt bekannt. Dementsprechend findet man in der Altstadt viele sehr gute Fischrestaurants. Jeden Donnerstag gibt es den großen Markt von Chioggia, zu dem halb Venedig anreist. Praktischerweise ohne Verkehrsprobleme, denn es gibt eine Schiffsverbindung hinüber in die große Lagunenstadt. Ideal kann man die auch in umgekehrter Richtung nutzen und von Chioggia aus entspannt nach Venedig gondeln.

NATUR: Es lohnt sich, in Chioggia ein Fahrrad auszuleihen oder seine eigenen Räder mitzunehmen. Unzählige Radwege führen entlang der Lagune immer nahe am Wasser. Besonders spannend sind die Radtouren über das Mündungsgebiet der Etsch in die Poebene.

WEBSITE: www.visitchioggia.com

Auch am Zwölferhorn über dem Wolfgangsee lässt sich herrlich wandern.

»FREI IST DER ATEM UND MAN DENKT SICH AUCH FREI.«

Erzherzog Johann

68 SALZKAMMERGUT

Sommerfrische an unzähligen Bergseen

Kurz hinter Salzburg steht man schon mittendrin im Salzkammergut, einem der großen Sehnsuchtsorte von Österreich. Mit über 70 Seen, die den bildschönen Vordergrund einer atemberaubenden Bergkulisse bilden, bleiben keine Wünsche für eine erholsame Auszeit offen. Dabei umfasst das ganze Gebiet ein großes Areal, das von der Ebene im Salzburger Land, über Oberösterreich und die Steiermark bis in die Berge reicht.

Der Reigen beginnt mit dem Fuschlsee, der bekannt ist für sein türkisfarbenes Wasser und dem Headquarter des Red Bull Konzerns. Es folgt der Mondsee, sein Erkennungszeichen ist die Drachenwand, eine markante Felsformation am Westufer. Der Wolfgangsee ist für immer in der berühmten Operette »Im weißen Rössl am Wolfgangsee« verewigt. Dabei sollte man wissen, dass der Wolfgangsee bereits seit dem Mittelalter die Menschen in Scharen anzog, damals jedoch aus religiösem Grund. Neben dem vielbesungenen Hotel steht nämlich die wunderschöne gotische Wallfahrtskirche des hl. Wolfgang. Auf dem Weg zu den nächsten beiden Seen liegt Bad Ischl, der Kurort, dem Kaiser Franz Joseph viele Jahre lang die Treue hielt, denn dort verliebte er sich in die spätere Kaiserin Elisabeth, genannt Sisi. Während er sich in der wunderschönen Kaiservilla von den Regierungsgeschäften erholte, taten es ihm zahlreiche gekrönte Häupter dieser Zeit gleich und Bad Ischl wurde zu einem Hot Spot der »Reichen und Schönen« in der Habsburger Zeit. Noch heute kann man sich in dem Heilbad mit ihren Prachtvillen und den geschmackvollen Parkanlagen die prunkvolle Epoche gut vergegenwärtigen.

Dahinter folgt der Attersee, der größte See im Salzkammergut. Er reicht von Seewalchen im Norden bis nach Unterach im Süden. Über den Traunsee erreicht man den Hallstätter See, am Fuße des Dachsteinmassivs. Nach ihm ist eine ganze Epoche der Menschheitsgeschichte benannt. Die großen Salzvorkommen in den Bergen lockten vor über 7000 Jahren erste Siedler an. Die reichen prähistorischen Funde öffnen heute das Fenster in die Vergangenheit, die man Hallstattkultur nennt. All diese Seen sind nur eine kleine Auswahl, es gibt noch so viele mehr, die man besuchen sollte.

TIPPS & INFOS

WANDERN: Einer der schönsten Aussichtsberge im Salzkammergut ist der 1783 Meter hohe Schafberg über dem Wolfgangsee. Der markante Berg, der auf seiner Nord-Ostseite hin senkrecht zum Attersee abfällt, ist ein beliebtes Touristenziel. Die meisten Besucher werden mit einer Zahnradbahn bequem auf den Berg kutschiert. Oben empfängt einen dann die gewaltige Aussicht über viele Seen auf die umliegenden Berge hin bis zum Dachstein: www.salzburg-bahnen.at

KULTUR: Der Kurort Bad Aussee ist der geografische Mittelpunkt Österreichs. Im Kurpark hat man die Stelle mit einem Stein gekennzeichnet. Interessant ist auch das Museum im Kammerhof, ein Heimatmuseum, das im ehemaligen Salzamt sein Quartier hat. Außerdem ist das Dorf ein guter Ausgangspunkt für weitere Seen, wie den Grundlsee, den Altausse oder den Toplitzsee.

WEBSITE: www.salzburger-seenland.at

Der Kreuzstein liegt im seichten Wasser des Mondsees.

Der Lech bildet jedes Jahr aufs Neue weite Kiesbänke und verändert dabei die Landschaft stetig (links). Abenteuerlich überwindet die Hängebrücke 179 das Tal bei Ehrenberg (rechts).

69 OBERES LECHTAL

Ursprünglich, wild und ungezähmt

Der Lech, der unterhalb des Formarinsee in Österreich seinen Lauf beginnt, legt gut 256 Kilometer zurück, bis er in Deutschland in die Donau fließt. Kaum hat er die Grenze nach Bayern bei Füssen passiert, wird der Lech zum Forggensee aufgestaut. Im weiteren Verlauf regulieren 30 Kraftwerke und 24 Stauseen den Fluss und zwingen den ursprünglich wilden Bergfluss in ein vorgeschriebenes Bachbett. Zum Glück darf sich der Lech vorher in Österreich so richtig austoben. Frei und ungebändigt schiebt er sich mit viel Kraft durch die Lechtaler Alpen. Er ist einer der letzten Wildflüsse im nördlichen Alpenraum und das auf einer Länge von stolzen 125 Kilometern!

Um das Lechtal und seine Naturschätze zu erkunden, gibt es den Lechweg. Wer auf diesem Weitwanderweg den Fluss erlebt, spürt, welche Gnade es bedeutet, länger abzuschalten. Denn mit Startplatz am Formarinsee in Vorarlberg auf einer Höhe von 1793 Metern braucht man zum Lechfall eine gute Woche und einiges an Kondition. Wer weniger lang Zeit hat, wählt als Startplatz Reutte und erkundet von hier das Obere Lechtal mit seinen weiten Kiesbänken, malerischen Dörfern und der herrlichen Bergwelt. Den Besuch des nahen Plansees darf man nicht vergessen. Er ist der ideale Platz, um auch nur für ein paar Stunden abzuschalten. Der See schimmert unergründlich grün, und die umliegenden Berge erinnern an Kanada. Dabei handelt es sich beim Plansee genau genommen sogar um zwei Seen, denn an einer Engstelle ist der Plansee mit dem Heiterwanger See verbunden. Oder man fährt ins Namloser Tal, ein abgelegenes Seitental des Lechtals, das am Fuße der Knittelkarspitze liegt. Es ist nicht so einsam, dass es keinen Namen erhalten hätte. Vielmehr stammt der Begriff Namloser Tal wohl von seinem ersten Siedler, einem Mann namens »Amelfied« kurz »Amel« ab. Daraus hat sich im Lauf der Jahre der Begriff »Tal des Amles« in ein Namles und schließlich in das Namloser Tal gewandelt. Vom Dörfchen Namlos aus startet man zu Wandertouren, z.B. auf der alten Talstraße in den Weiler Kelmen. Herrlich einsam und perfekt, um seine Gedanken schweifen zu lassen.

»ZWISCHEN SCHLAF UND TRAUM, ZWISCHEN MIR UND WAS IN MIR IST UND WAS ICH VERMUTE ZU SEIN, FLIEẞT EIN UNENDLICHER FLUSS.«

Fernando Pessoa

TIPPS & INFOS

ACTION: Die Burg Ehrenberg an der Fernpassstraße ist die größte von drei Festungen, die Tirol gegen Bayern erbaut hatte. Obwohl lange als Steinbruch genutzt, künden die immer noch gewaltigen Reste der Burg von ihrer einstigen Macht. Von dort kann man auf einer spektakulären Hängebrücke das Tal queren, um die Ruinen von Fort Claudia zu erreichen: www.ehrenberg.at

KULTUR: Ein guter Ausgangsort ist Reutte. Der Ort ist ein wichtiges Verwaltungszentrum im Lechtal. Besonders beeindruckend sind die vielen mit Fresken geschmückten Bürgerhäuser im Ortszentrum. Die Bilder stammen fast alle von der hier ansässigen Malerfamilie Zeiller, die damit im 18. Jahrhundert das Gesicht des Ortes geprägt haben. Bei der hohen Qualität der Bilder lohnt sich eine Betrachtung ganz aus der Nähe.

WEBSITE: www.lechtal.at

Schloss Salem mit seinem Barockgarten ist heute ein Internat am östlichen Ufer des Bodensees.

»Wenn ich den See seh', brauch ich kein Meer mehr.«

70 Bodensee

Weite, Wind und Wasser

Der Bodensee ist ein außergewöhnliches Ensemble von majestätischer Natur, inspirierender Weite und dem entspannten Miteinander seiner drei angrenzenden Länder: Deutschland, Österreich und der Schweiz, wobei man Lichtenstein auch fast dazurechnen könnte. Die einzigartige Lage ergibt sich aus dem Zusammenspiel der Gegensätze: auf der einen Seite die hohen Berge, auf der anderen Seite das weite, offene Wasser, das nach Norden hin von sanfter Hügellandschaft begleitet wird. Dort teilt sich dann der Bodensee in drei Arme: in den Überlinger See, den Zeller See und den Untersee. Über diesen verlässt der Rhein den See, der zwischen Rohrschach und Bregenz in den Bodensee geflossen ist. Der drittgrößte Binnensee Zentraleuropas lockt mit vielen Aktivitäten für ereignisreiche Tage. Perfekt, um fernab des Alltags am Wasser auszuspannen. Die Fahrräder mitzunehmen, lohnt sich in jedem Fall: Von allen Orten startet man zu wunderschönen Radtouren, wenn man sich nicht gleich für die mehrtägige Bodensee-Umrundung in den Sattel schwingen möchte. Paradiesisch ist das im Frühjahr, wenn die unzähligen Obstbäume blühen, aber auch im späten Herbst, wenn die Hügel der Weinberge in allen erdenklichen Rottönen glühen.

Auch kulturell hat der Bodensee einiges zu bieten. Mit Lindau, Konstanz, Meersburg, Überlingen, Friedrichshafen, Bregenz und Romanshorn liegen größere Städte am Ufer. Im Bodensee gibt es auch einige Inseln, manche so klein, dass gerade einmal ein Baum darauf wächst, andere sind unbewohnte Vogelinseln und wieder andere sind bekannt wie die Blumeninsel Mainau, Reichenau oder auch die Stadt Lindau. Einer der schönsten Landstriche am Bodensee ist die Höri, eine Landzunge, die sich zwischen Radolfszell und dem Untersee in den Bodensee schiebt. Viele Künstler wie Hermann Hesse, Otto Dix, Erich Heckel, Ludwig Finckh, Helmuth Macke entdeckten diesen lieblichen Landstrich für sich. Kein Wunder, der Sage nach soll Gott diese Halbinsel als letztes geschaffen haben und als er sah, wie vollkommen und wunderschön dieses Fleckchen Erde war, soll er laut gerufen haben: »Jetzt hör i uf!«.

Tipps & Infos

KULTUR: Zwei Plätze, die sehr gegensätzlich sind, die man aber auf keinen Fall versäumen sollte: Lindau, die alte Inselstadt im Süden mit dem einzigen Leuchtturm Bayerns sowie das UNESCO-Welterbe, die Insel Reichenau, das heilige Eiland mit seinen drei romanischen Kirchen und zahlreichen Kapellen, die für den Ruhm der Reichenauer Abtei im Mittelalter sorgten.

NATUR: Der Pfänder bei Bregenz schiebt sich mit seiner steil abfallenden Westflanke dicht an den Bodensee. Sein Gipfel liegt 667 Meter über dem Seespiegel, die Rundumsicht ist einmalig schön. Mit der Luftseilbahn erreicht man bequem den Gipfel, am Dienstag und Mittwoch findet die letzte Talfahrt um 23 Uhr statt. Ideal, um den berühmten Sonnenuntergang über dem See zu erleben.

WEBSITE: www.bodensee.eu

Bayerns einziger Leuchtturm bewacht den Hafen von Lindau.

Der Rhein bei Bingen (links). In Koblenz führt eine Seilbahn über den Rhein und verbindet die Altstadt mit der Festung Ehrenbreitstein (rechts).

71 RHEIN

Kein Reinfall zwischen Bingen und Bonn

Der Rhein ist nicht einfach irgendein Fluss, der Rhein ist ein Strom, und zwar ein mächtiger, dazu ein geschichtsträchtiger und vor allem ein deutscher, auch wenn er auf seinem langen Weg von der Quelle bis zur Mündung andere europäische Länder durchquert. Der Rhein entspringt in den Schweizer Bergen am Tomasee und legt bis zu seiner Mündung bei Rotterdam fast 1233 Kilometer zurück. Der Großteil des Stroms fließt durch Deutschland. Aufgeteilt ist er ab dem Bodensee in die Region Hochrein, nach dem Rheinfall beginnt der Oberrhein und bei Bingen der Mittelrhein mit dem romantischsten Abschnitt des Flusses, bevor er sich mit Niederrhein und dem Delta verabschiedet.

Der Mittelrhein, auch Romantischer Rhein, ist gesäumt von steilen Weinbergen. Über das Wasser wachen mittelalterliche Burgen und Schlösser, die Schiffe passieren malerische Fachwerkstädte und umschiffen mächtige Felsen, die bei St. Goarshausen aus dem Wasser ragen. Der berühmte Loreleyfelsen mit seiner singenden Nixe soll der Sage nach Bootsmänner in den Tod getrieben haben. Tatsächlich spielt die Schifffahrt auf dem Rhein eine große Rolle und das seit vielen Jahrhunderten. Als Transportweg wurde der Rhein schon immer benutzt und brachte damit den Städten und ihren Bewohnern Wohlstand.

Um abzuschalten braucht man nicht zwingend auf eines der Schiffe zu steigen, die heute auch als Flusskreuzfahrt auf dem Rhein verkehren. Das ist zwar angenehm und genussreich, aber dem Rhein folgen, kann man auch mit dem Zug, Auto oder dem Fahrrad – ökologisch sicherlich die nachhaltigere Variante. Zu sehen gibt es unterwegs jede Menge: Bingen mit dem Mäuseturm und der Burgruine Ehrenfels, der Loreley-Felsen, St. Goarshausen und Burg Rheinfels, Lahnstein mit der Ruppertsklamm, Koblenz am deutschen Eck, Andernach mit seinem aktiven Kaltwassergeysir, Römerfunde bei Remagen und schließlich die ehemalige deutsche Hauptstadt Bonn. Auch wenn das nur ein kurzer Abschnitt des Rheins ist, so zählt das Tal zu den bedeutendsten Kulturregionen in Europa. Überall trifft man auf deutsche Geschichte aus Zeiten der Römer, Kaiser oder der Kurfürsten. Ein Erbe, das verpflichtet und deshalb wurde das Rheintal zwischen Bingen und Koblenz mit dem UNESCO-Welterbesiegel ausgezeichnet.

»EIN LEBEN WIE IM PARADIES
GEWÄHRT UNS VATER RHEIN.
ICH GEB ES ZU, EIN KUSS IST SÜß,
DOCH SÜßER IST DER WEIN.«

Ludwig Christoph Heinrich Hölty

TIPPS & INFOS

KULTUR: Koblenz liegt zwischen den Ausläufern des Hunsrücks im Süden und der leicht hügeligen Landschaft der Eifel. Genaugenommen am Zusammenfluss von Mosel und Rhein, dem Deutschen Eck. Einige Schlösser und Burgen gibt es in der Stadt, mit der Festung Ehrenbreitstein sogar eine, die man mit einer Gondel über den Rhein erreichen kann.

AKTIV: Mit dem Fahrrad lässt sich der Rhein hervorragend erkunden. Wer möchte, kann dem Rheinradweg von der Quelle zur Mündung folgen. Der Abschnitt des Romantischen Rheins ist wie geschaffen, um sich beide Ufer genauer anzusehen. Wobei das linksrheinische Ufer schöner ist, denn hier ist der Streckenabschnitt geruhsamer.

WEBSITE: www.romantischer-rhein.de

Die Piazza Vittorio Emanuele II. ist das Herzstück von Finalmarina (unten). Blauer Himmel und gelbe Häuser, schöner kann der Kontrast in Mentons Altstadt nicht sein (rechts).

72 FINALE LIGURE

Mare e Monte

Die italienische Region Ligurien ist bekannt für seinen durch die UNESCO geschützten Naturpark Cinque Terre. Aber Ligurien ist so viel mehr! Westlich von Genua reicht die Region bis zur französischen Grenze. Auf dem Weg dorthin liegt kurz hinter dem Cap Noli das malerische Küstenstädtchen Finale Ligure. Es besteht aus drei Ortsteilen: Finalpia, Finalmarina mit dem schönen Strandabschnitt und Finalborgo, dem ältesten Teil der Stadt, der zurückgesetzt im Landesinneren liegt und von den mächtigen Festungen, der Burg Gavone und dem Forte San Giovanni, bewacht wird. Die mittelalterlichen Gassen sind von einer Stadtmauer umgeben. Bis heute gewähren nur die vier Stadttore den Zugang in die verkehrsberuhigte Altstadt. Gleich hinter Finale beginnen die Berge und führen rasch auf 1000 Meter in felsige Regionen. Kein Wunder, dass Finale Ligure bei Sportkletterern äußerst beliebt ist. Aber auch Mountainbiker, vor allem Freerider kommen hier auf ihre Kosten. Es gibt nicht viele Gebiete auf der Welt, wo man bequem mit Shuttletaxis samt Fahrrad auf den Berg gefahren wird, um sich anschließend auf waghalsigen Trails die Hänge hinabzustürzen. Den wilden Ritt kann man dann direkt am Strand beenden. Man muss aber nicht zwingend Extremsportler sein, um Finale in all seinen Facetten genießen zu können. Durch die Freizeittouristen ist in Finale das ganze Jahr über etwas los. Es gibt wunderschöne Cafés, Bars und Restaurants und immer herrscht angenehm lebendiges Treiben in den Gassen, die dennoch nie wirklich überfüllt sind.

TIPPS & INFOS

SPECIAL: Der nahe Ort Noli gehört ebenfalls zu den wunderschönen Altstädten an der Riviera di Ponente. Über der mittelalterlichen Altstadt ragen Geschlechtertürme in den Himmel und morgens kann man die Fischer beobachten, wie sie ihre Boote direkt am Stand vertäuen. Im Gegensatz zu den im Winter ausgestorbenen Städtchen an der italienischen Adriaküste ist hier immer Leben in den Gassen. Schließlich leben die Einheimischen das ganze Jahr über in den kleinen Städtchen.

GENUSS: Ligurien ist für sein Pesto bekannt. Diese einfache Sauce aus Basilikum, Olivenöl und Pinienkernen verfeinert vor allem die Nudelgerichte. Dazu wird die ortstypische Olivensorte Taggiasca verwendet. Mit einem guten Glas Pigato-Weißwein lernt man den Vorteil schnell zu schätzen, wenn Berge direkt auf das Meer treffen.

WEBSITE: turismo.comunefinaleligure.it

»DIE VORRECHTE DER SCHÖNHEIT SIND UNERMESSLICH. SIE WIRKT SELBST AUF DIE, WELCHE SIE NICHT GEWAHREN.«

Jean Cocteau

73 MENTON Im Spiel des Lichtes

Dieses besondere klare Licht beginnt schon ein paar Kilometer vor der Grenze zur italienischen Riviera. Aber kaum betritt man hinter Ventimiglia französischen Boden, dann explodiert die Luft mit dieser unbeschreiblichen Farbenvielfalt. Ein durchdringendes Azurblau flirrt vor den ockerfarbenen Häusern von Menton. Die kleine Stadt ist das Tor zur Côte d'Azur, jenem Landstrich, der schon seit jeher Künstler und Maler in seinen Bann zog.

Hinter Menton scheinen sich die Seealpen in das Meer zu stürzen. Sie bilden einen Schutzwall und verhelfen der Stadt zu einem besonders milden Klima. Zwei herrliche Badebuchten drängen sich links und rechts an die Altstadt. Diese wurde verwinkelt und verschachtelt auf einem klitzekleinen Hügel über dem Meer errichtet. In vorderster Reihe überwacht die alte Bastion das ganze Ensemble. In dieser Festung befindet sich heute das Museum Jean Cocteau. Ein malerischer Anblick mit reichem historischem Erbe. Treppenstufen führen hinauf zur Basilika Saint Michel. Danach verliert man sich im Gassengewirr der Altstadt, findet kleine Plätze, Cafés und Resturants und endet schließlich immer wieder am azurblauen Ufer der Riviera. Dann ist es an der Zeit entlang der Uferpromenaden zu flanieren und die Badesachen auszupacken.

Mit das Beste an Menton ist, dass es hier deutlich ruhiger ist als in den Nachbarstädten Nizza oder Cannes.

Wer dann aber doch noch etwas in die glitzernde und quirlige Welt der Cote d'Azur eintauchen möchte, besucht Monaco, das kleine europäische Fürstentum. Es ist nur einen Katzsprung entfernt und wirklich eine Welt für sich.

TIPPS & INFOS

KULTUR: Der Maler, Schriftsteller und Regisseur Jean Cocteau verbrachte viel Zeit in Menton. Ihm zu Ehren gibt es in der Stadt das Museum in der alten Bastion. Das 2011 errichtete zweite Cocteau Museum, eine architektonische Meisterleistung, musste leider aufgrund eines schweren Unwetters geschlossen werden. Das Werk »la Salle des Mariages« im Rathaus lässt sich jedoch besichtigen: www.museecocteaumenton.fr

NATUR: Das besondere Mikroklima in Menton sorgt für üppigen Pflanzenwuchs. So entstanden hier prächtige Gärten und Parkanlagen, die man unbedingt besichtigen sollte. Der Jardin Botanique Val Rahmeh-Menton, Jardin Fontana Rosa oder auf italienischer Seite der große Giardini Botanici Hanbury sind nur eine kleine Auswahl: www.giardinihanbury.com

WEBSITE: www.menton-riviera-merveilles.fr

Das Gasthaus Aescher Wildkirchli klebt wie ein Schwalbennest unter den Felsen der Ebenalp unweit des Seealpsees.

74 SEEALPSEE Kleines Paradies

Der Seealpsee befindet sich auf über 1100 Metern Höhe inmitten des Alpensteingebiets im Kanton Appenzell Innerrhoden. Der See ist für sein besonders sauberes Wasser und die atemberaubende Aussicht auf die Appenzeller Alpen bekannt. Für Wanderer ist er ein beliebtes Ziel für Ausflüge: Von der letzten Station der Appenzeller Bahn in Wasserauen ist der Seealpsee in rund 60 Minuten Fußmarsch auf gut ausgebauten Wegen zu erreichen. Eine andere Strecke führt von Wasserauen über das Hüttentobeler Tal zum Seealpsee. Ein echtes Erlebnis ist der Weg von der Ebenalp hinunter zum Seealpsee. Er führt vorbei am Wildkirchli und durch eine prähistorische Höhle. Dabei passiert man ein Gasthaus, das eine spektakuläre Lage unter einem Felsvorsprung aufweist. Vom Seealpsee aus hat man eine ideale Aussicht in Richtung Säntis, dem höchsten Berg der Appenzeller Alpen. Je nach Jahreszeit und Lage ist die Flora einzigartig schön und üppig. Über 300 alpine Pflanzenarten sind in der Region beheimatet. So ist der See und sein Umfeld nicht nur für Botaniker, Wanderer, Bergsteiger und Kletterer ein kleines Paradies, sondern auch für Tierliebhaber. Denn mit etwas Glück kann man Steinböcke, Steinadler, Gämsen, Murmeltiere, Rothirsche und natürlich jede Menge Dohlen entdecken.

TIPPS & INFOS

WANDERUNG: Rund um den Seealpsee gibt es eine große Anzahl von Wanderungen – eine schöner als die andere. Zudem sind die Möglichkeiten, die Wanderung zu verlängern, beinahe grenzenlos. Sehr beliebt ist der Aufstieg zum Äscher mit einem Besuch im weltberühmten Berggasthaus Seealpsee. Wer es lieber gemütlich angehen möchte: Die Bergstation ist nicht sehr weit!

ÜBERNACHTUNG: Im Berggasthaus Seealpsee muss man einkehren und kann sich auf leckere regionale Küche freuen. Zudem bietet das einfach eingerichtete Berggasthaus Übernachtungen mit unglaublichem Charme an – für alle Naturfreunde.

WEBSITE: www.appenzell.ch

75 HÖHLE ALGARDE BENAGIL

Höhle & Küste als Highlight

Die Praia de Benagil liegt etwa 3,5 Kilometer östlich von Carvoeiro in Portugal am Ende eines tiefen Tals zwischen stark zerklüfteten ockerfarbenen Klippen. Diese Einschlüsse werden auch Concheiros genannt und sind Zeugnis einer längst vergangenen Zeit, als sich der Meeresspiegel noch viel weiter im Landesinneren befand. Die Felsen sind durch die mechanische Kraft der Wellen und durch die natürliche Auflösung des Kalkgesteins aufgrund von Regenwasser, das die Auflösung des Kalkgesteins fördert, stark zerklüftet und modelliert. Die riesige Felshöhle Praia de Benagil ist ein absolutes Highlight und eine der berühmtesten Sehenswürdigkeiten der Algarve. In der Felsendecke klafft nämlich ein rundes Loch, durch das malerisch der strahlend blaue Himmel leuchtet. Das Sonnenlicht fällt dabei durch die Sandsteindecke direkt auf den Strand darunter. An der Höhle kann man an den Felswänden die für diese Art von Karstlandschaft typischen Erscheinungen wie Grotten oder in den Felsen gehöhlte Wasserlöcher sehen. Allerdings ist die Benagil nur vom Wasser aus zu erreichen. Bei einer Bootstour kann man dann auch noch jene zerklüfteten Meeresgrotten entdecken, die zu Fuß nicht erreichbar sind.

Der kleine Strand, auf dem man sich dann befindet, ist mit feinem hellgelbem Sand bedeckt und fällt schnell ins Meer ab. Insbesondere der westliche Abschnitt dient heute noch als Fischerhafen. Der ruhige Strand bildet die Fortsetzung eines tief eingegrabenen Tales und lädt zum Kajakfahren und zu ausgedehnten Wanderungen auf der Steilküste ein.

TIPPS & INFOS

HINWEIS: Da Erdrutsche und Steinschläge auftreten können, wird empfohlen, einen Sicherheitsabstand zu den Steilfelsen zu halten. Obwohl der Strand als Badestrand genutzt werden kann, ist er als ein Strand mit eingeschränkter Nutzung eingestuft, da sich ein großer Teil des Sandbereichs im Gebiet mit Steinschlaggefahr befindet.

ANREISE: Die Zufahrt ist über eine geteerte Straße von Lagoa oder von der EN 125 möglich. An der Escola Internacional do Algarve Richtung Süden biegt man ab und folgt der Ausschilderung in Richtung Strand. Dort findet man auch einen weitläufigen Parkplatz.

WEBSITE: www.visitalgarve.pt

CAMPING

Ein besonderes Lebensgefühl ...

Ob Camping oder Glamping, ob mit Zelt oder im stylischen Bulli, ob Wildcampen oder Sterne-Campingplatz mit Pool und Co. – es ist einfach ein erholsames Abenteuer!
Einfach drauflosfahren, an keine festen Abläufe und Fristen gebunden sein: Camping hat sich im Laufe der Jahre zum Kulturgut etabliert. Nach dem Motto »unterwegs sein ist das Ziel« schätzen die Camper die Flexibilität und Naturnähe einer Reise mit einem Wohnmobil, Zelt, Wohnwagen – oder was auch immer. Vor allem in Pandemiezeiten bot dies einen unschlagbaren Vorteil: Man konnte dort Urlaub machen, wo man sich sicher fühlte.
Und auch noch jetzt gilt: Wählt man die flexible und spontane Reiseart, kann man jederzeit schauen, an welchem Traumort man länger bleiben will und wann es an der Zeit ist, die Stühle wieder einzupacken und weiterzuziehen. Und so ist es egal, ob man Küsten oder Wälder entdecken will: Das Campinggefährt bringt seine Insassen an die entlegensten Orte! Wer will, kann jeden Tag einen anderen Ort anfahren, um ihn dann per Mountainbike, zu Fuß oder mit dem Schlauchboot weiter zu entdecken. Und wenn man müde ist, hat man sein vertrautes Zuhause dabei. Selbst wenn man mal an einem Ort landet, der nicht gefällt, weiß man, dass man sich am Ende des Tages in das eigene saubere Bett zurückziehen kann.
Aber wie geht es weiter? Der Trend der Zukunft ist bereits abzusehen: Das sogenannte »Eco Camping«, besonders umweltbewusstes Camping, wird auf immer mehr Plätzen forciert. Viele Campingplätze in Europa bieten das Camping mit einem möglichst geringen Energieverbrauch und reduzierten Abfallmengen an. Der Trend, die Plätze möglichst naturbelassen und mit vielen Grünflächen zu gestalten, zeichnet sich ab. Ein weiterer Trend, den insbesondere junge und abenteuerlustige Camper für sich entdeckt haben, ist das Übernachten an außergewöhnlichen Orten wie Steilwänden oder zwischen Bäumen.
Falls man bei Green Camping und Nachhaltigkeit an fehlenden Komfort, Verzicht und einfachste Ausstattung denkt – weit gefehlt! Denn es gibt inzwischen in ganz Europa viele nachhaltig geführte Campingplätze, auf denen man einen wunderschönen und gleichzeitig naturverträglichen Urlaub erleben kann.

Die traumhafte Natur der Länder soll auch für künftige Gäste, wie im Uhlenköper-Camp, erhalten werden.

5 X AUSSERGEWÖHNLICHE, UMWELTFREUNDLICHE CAMPINGPLÄTZE:

Campingplatz La Roubine – auf dem französischen 5-Sterne-Campingplatz »La Roubine« wird Nachhaltigkeit tagtäglich gelebt, ohne auf etwas verzichten zu müssen: www.camping-roubine.com

Krk Premium Camping Resort – im sonnigen Westen der Insel Krk an der kroatischen Adria. www.camping-adriatic.com

Campingplatz Tiliguerta – sanfter Tourismus im Paradies auf Sardinien mit kilometerlangem weißen Strand, Meerwasser wie in der Karibik und Dünen: www.tiliguerta.com

Das Uhlenköper-Camp – rundum ökologisch campen am Rande der Lüneburger Heide mit ausschließlich zertifiziertem Öko-Strom: www.uhlenkoeper-camp.de

Casas Novas de Palmeira – rustikales Eco-Camping im Südwesten Portugals mit einem Waldbadezimmer und einer Außendusche: www.casasnovasdapalmeira.com

Ferienanlage Upes Dizvietas – Natur pur im wilden Herzen Lettlands, in einer der ländlichsten und ursprünglichsten Gegenden inmitten des Naturparks Daugavas Loki: www.latvia.travel

Nicht in allen Ländern Europas dürfen sich Wohnmobil- und Campingbus-Reisende einen freien Stellplatz suchen.

Camp Uhlenkörper: Mitten im Grünen!

Grüne Natur, gute Luft und dazu Bewegung – so entspannt geht es zum Wildsee im Nordschwarzwald bei Kaltenbronn.

IMMER WIEDER LANDLIEBE

Land entspannt - das ist Naturverbundenheit

Draußen in der Natur, frische Luft schnuppern, mitten im Grünen sein, unbeschwerte Tage genießen und dabei noch neue Ecken in Europa kennenlernen, das ist Landliebe vom Feinsten. Regeneration und Entspannung ist möglich, genauso wie sportliche Aktivitäten oder kultureller Input. Hauptsache, man bleibt neugierig und hat Lust, viel Neues zu entdecken.

Je näher man an der Natur ist, umso mehr spürt man das Leben. Das erdet nicht nur, sondern öffnet gleichzeitig den Blickwinkel auf unsere Umwelt.

Eigentlich fallen unter die Rubrik »Landliebe« fast alle Ziele in Europa, nur die Städte müssen außen vor gelassen werden. Denn wenn es dort wieder einmal so richtig hektisch wird, dann gibt es nur einen Ausweg: raus aufs Land. Ausgedehnte Streifzügen im Grünen, viel frische Landluft tanken, herrliche Naturerlebnisse genießen, regionale Schmankerl probieren und jede Menge unvergessliche Momente erleben – so fühlt sich Landliebe an. Europas Wälder erfahren gerade eine große Renaissance, Nationalparks sind zu Anziehungspunkten geworden und auf der Suche nach Ruhe und Einsamkeit geht es zu den entlegensten Winkeln – und von denen gibt es in Europa noch jede Menge. Aber selbst bekanntere Ziele lassen sich immer wieder neu entdecken und verführen uns, Wiederholungstäter zu werden. Also alle Achtung: Landliebe soll ansteckend sein und das ein Leben lang!

5X ABSCHALTEN UND RUNTERKOMMEN

Monferrato – unbekannter Landstrich im Piemont und eine der genussreichsten Ecken Italiens: www.visit.asti.it

Cornwall – ein außergewöhnliche Zeitreise in die englische Grafschaft mit ihrem faszinierenden Küstenlandstrich: www.urlaub cornwall.de/

Altmühltal – idyllische bayerische Flusslandschaft entstanden aus dem Jurameer mit einer ehrwürdigen Bischofsstadt: www.naturpark-altmuehltal.de

Böhmisches Paradies – die tschechische Muse zahlreicher Künstler, Schriftsteller und Romantiker: www.cztip.eu

Spanisches Baskenland – zwischen Bilbao und San Sebastian trifft ein herrlicher Landstrich auf das Meer: www.tourismus.euskadi.eus

Bergen, das »Tor zu den Fjorden« (links). Der Sommer in Rauma bietet viele Möglichkeiten für Aktivitäten in der schönen Stadt (rechts).

76 BERGEN Herz in den Fjorden

Bergen in Norwegen – wer hat nicht sofort das Bild der farbenreichen Häuser am Hafen vor Augen? Und Bergen ist eine Hafenstadt wie sie im Bilderbuch steht: bunt, modern und lebenswert. Die wunderschöne UNESCO-Weltkulturerbestadt ist umgeben von wuchtigen Gebirgen, hohen, blauen Fjorden und tiefgrünen Wäldern. Hier trifft traditionelle Baukunst auf eine einzigartige Natur und ein überaus breites kulturelles Angebot.

Genau genommen zählt Bergen zu den Großstädten. Sie ist nach Oslo die größte Stadt Norwegens. Herzstück Bergens ist das historische Zentrum Bryggen. Entlang des Hafens findet man hier die pittoresken roten Holzhäuser. Leider kommen regelmäßig eine große Anzahl Touristen durch die Kreuzfahrtschiffe, die dann alle auf einmal in die kleine Altstadt strömen. Doch selbst dann, wenn die gepflasterten Straßen der Altstadt mit Menschen gefüllt sind, büßen die bunten Häuser nichts an ihrem Charme ein. In den Abendstunden ist es die perfekte Zeit, um dem Aussichtspunkt Fløyen einen Besuch abzustatten. Von hier aus bietet sich ein atemberaubender Blick über die Stadt und das Wasser: der beste Ort, um den Sonnenuntergang zu erleben. Ein Highlight ist natürlich die einzigartige Natur und die beeindruckenden Landschaften. Die malerischen Fjorde Norwegens sollte man in einer der vielen Fjordfahrten erkunden. Wie beispielsweise den Sognefjord, den längsten und tiefsten im ganzen Land, oder den Eidfjord, östlich von Bergen. Am Eidfjord befindet sich auch der mächtige Wasserfall Voringfossen.

TIPPS & INFOS

BESONDERHEIT: Von hier aus hat sich die Hansestadt über die Jahre entwickelt, denn einst gehörte Bergen zu den Hauptankerpunkten des internationalen Handels. Mehr als 900 Jahre ist die Stadt alt, was bis in die Wikingerzeit zurückreicht.

SEHENSWÜRDIGKEIT: Nur einen Katzensprung entfernt vom malerischen Pier findet man den Fischmarkt, der die Einheimischen seit 1276 mit frisch gefangenen Schätzen aus dem Meer versorgt. Heute ist er einer der beliebtesten Outdoormärkte Norwegens, auf dem man neben Fisch und frischem Obst und Gemüse auch Kunsthandwerk und Souvenirs kaufen kann.

WEBSITE: www.visitbergen.com

Orese vero modis ea nis mint dolupta deriantem est harum sanis sitat ex eumet ea qui

77 RAUMA Zeitreise in die Vergangenheit

Finnland ist eines dieser Länder, von denen man wohl nie genug bekommen kann: märchenhaft im Winter, aber ruhig und lauter Farben im Sommer. Eine Vielzahl an einzigartigen Orten kann man sowohl in den warmen als auch in den kalten Monaten wunderbar bereisen. Denn die idyllischen Städte, die malerischen Flusslandschaften und die Ruhe der Natur sind immer eine Reise wert.

So auch die kleine Stadt Rauma. Ein Besuch hier fühlt sich wie eine kleine Zeitreise in die Vergangenheit an. Rauma ist eine der ältesten Städte Finnlands. Über 300 Jahre gab es hier keinen Brand – für eine Stadt rein aus Holz eine absolute Seltenheit. Die Altstadt mit den bunt gestrichenen alten Holzhäusern erinnert an eine längst vergessene Zeit. Nur 700 Menschen der knapp 40.000 Einwohner leben in den 600 denkmalgeschützten Gebäuden. Inmitten traumhafter Natur geht es in Rauma entspannt und gelassen zu. Besonders im Winter ist die Stadt für einen entspannten Ausflug und als Kulisse für traumhaft winterliche Fotos geeignet. Schlendert man über die alten Kopfsteinpflaster, spürt man das besondere Ambiente dieser Stadt. Man sollte sich Zeit nehmen und durch die kleinen Läden bummeln, sich vom Kunsthandwerk der Finnen überzeugen lassen und zwischendurch entspannt eine kleine Pause in einem hübschen Café einlegen. Einfach abspannen und ein paar idyllische Stunden an einem der schönsten Orte in Finnland genießen.

TIPPS & INFOS

REISEZEIT: Anfang Juli bis Mitte August ist die beste Zeit des Jahres für einen Besuch in Rauma für Aktivitäten bei warmem Wetter. In Rauma sind die Sommer kurz, angenehm und teilweise bewölkt. Die Winter sind lang, eiskalt, schneereich, windig und größtenteils bewölkt.

BESONDERHEIT: Eine Besonderheit von Rauma ist der Dialekt bzw. die eigene Sprache. Ein nicht zu verstehendes Gemisch aus Finnisch, Schwedisch, Englisch und anderen Sprachen, die Seemänner aus aller Welt nach Rauma brachten.

WEBSITE: www.visitfinland.com

78 JÄRVSELJA

Urwaldschutzgebiet, das einzige seiner Art

Wer wirklich die Ruhe alter Wälder, in denen die Natur sich selber überlassen wurde, kennenlernen möchte, der besucht den Järvselja. Järvselja oder das sogenannte Naturschutzviertel ist das erste und älteste Waldschutzgebiet in Estland: Es steht schon seit 1924 unter Naturschutz.

Der Lehrpfad mit seinem Urwald gehört auf jeden Fall zu den Orten Südestlands, die eine Entdeckung wert sind. Auf dem ein bis fünf Kilometer langen Naturlehrpfad Järvselja bekommt man einen guten Überblick über die Wälder des Lehr- und Versuchsforstamtes Järvselja. Und dieser Urwald ist wirklich uralt und darüber hinaus ein unberührter Ort mit einzigartiger Natur. Der Pfad ist abwechslungsreich und durchquert mehrere Waldtypen. Dort trifft man auch auf die anmutige 360 Jahre alte Kiefer, der Kuningamänd (dt. Königskiefer) und die mehr als 40 Meter hohen Fichten, die auch zu den höchsten Bäumen Estlands zählen.

2006 wurde dann das Naturschutzgebiet Järvselja gegründet, das den Urwald, die den Wald umgebenden Flächen und den Kiefernwald Riiupalu umfasst. Insgesamt beträgt das Gebiet 184,4 Hektar. Im Jahre 2014 waren es 90 Jahre, in denen im Urwaldschutzgebiet keinerlei forstwirtschaftliche Tätigkeiten mehr ausgeübt wurden. Übrigens liegt das Urwaldschutzgebiet im Süden Estlands und ist Heimat von zahlreichen seltenen Eulenarten, dem noch selteneren europäischen Nerz, Bilchen (Schlafmäuse) und fliegenden Eichhörnchen.

TIPPS & INFOS

AKTIVITÄTEN: Besonders gut kann man bei einer Hundeschlittentour die einzigartige Naturlandschaft genießen. Das klappt zu jeder Jahreszeit. Ob bei einer Wanderung in den Waldlandschaften von Järvselja oder im Winter im Naturschutzgebiet von Peipsiveere. Ob auf einer leichten Fußwanderung oder bei einer mehrtägigen Tour mit Schlitten begleitet von Schlittenhunden.

KULTUR: Nebenbei sind in den harten nördlichen Witterungsverhältnissen Bäume seit Jahrhunderten die Lebensgrundlage. So werden einige für den Bau von Häusern und Saunen verwendet, andere hingegen als heilig geltende Baumarten nicht angerührt.

WEBSITE: www.visittartu.com

Nach einer Fahrt mit den Schlittenhunden hat man nicht nur ewige Erinnerungen, sondern oft auch einen neuen besten vierbeinigen Freund (links). Alte Inschriften in den Höhlen (unten).

79 NATIONALPARK GAUJA

Hoch über einem der schönste Täler Lettlands

In Gondeln über die Baumkronen des Nationalsparks Gauja zu gleiten, ist mit der einzigen Seilbahn Lettlands eine einmalige Erfahrung. Nach wenigen Minuten der Überfahrt öffnet sich ein herrlicher Ausblick auf die Ufer des Urstromtals der Gauja, die Burg Turaida, die Brücke über die Gauja und das Landgut mitsamt Schloss von Krimulda. Wer das reine Abenteuer sucht und keine Höhenangst verspürt, lässt sich auf die Seilbahn binden und kann (fast) frei über die tief eingeschnittene Schlucht der Gauja schweben.

Gauja ist das eiszeitliche Urstromtal, in dem sich die dichtesten Wälder des Baltikums, aber auch Waldseen und Moore, Anhöhen und Grotten, Höhlen und Sandsteinklippen verstecken. Seinen Namen verdankt er dem rotgold leuchtenden Sandsteinfelsen, der vor über 400 Millionen Jahren entstanden ist. Malerisch, teils unwirklich schön schlängelt sich der Fluss durch das bis zu 90 Meter tiefe Tal. Auf den Wiesen an der Gauja wachsen das Kleine Mädesüß, der Ährige Blauweiderich, die Heide-Nelke und der Berg-Klee. Hier findet man einzigartige Natur- und Kulturdenkmäler, wie die Adlerklippen bei Cesi, die den Fluss auf eine Länge von 700 Metern einengen, oder die 85 Meter hohen Felsklippen in der Nähe von Sigulda. Die bekanntesten Felsen sind der Erglu und der Kuku. Auch die Licu-Langu-Klippen und der Sietiniezis-Felsen verzaubern mit ihrem Farbspiel. In die Felswände haben sich tiefe Höhlen eingegraben. Neben der Viktorhöhle und der Teufelshöhe ist es die 18,8 Meter lange Gutmannhöhle, die absolut fasziniert.

TIPPS & INFOS

AKTIVITÄTEN: Durch den Gauja Nationalpark führen viele befestigte Wanderwege, auf denen sich die schönsten Attraktionen im Park zu Fuß oder mit dem Fahrrad erkunden lassen. Geführte Fahrradtouren bringen die Besucher zu den wichtigsten Sehenswürdigkeiten. Wasserfreunde wählen Bootsfahrten, um den Gauja Nationalpark zu Wasser zu entdecken.

KULINARIK: Wer Lettland besucht, sollte unbedingt Chalodni Borschtsch (die kalte Rote-Bete-Suppe), Kartoffelpuffer mit Schmand & sauren Gurken sowie Krums (Quark mit Schokolade) probieren. Und natürlich Fisch in allen Variationen.

WEBSITE: www.entergauja.com

TELEPHONE
TELEPHONE
PULL

Etwas mehr als 10.000 Einwohner leben auf der Insel, aber bestimmt dreimal so viele Schafe (links). Viele Häuser auf der Insel stehen in Mulden, windgeschützt vor dem tückischen schottischen Wetter (rechts).

80 ISLE OF SKYE Die Insel des Nebels

Die Isle of Skye gehört zu den Inneren Hebriden von Schottland und ist deren größte Insel. Sie liegt vor der Westküste etwa auf der Höhe der Highlands-Hauptstadt Inverness. Wie kein zweites Gebiet vereint Skye alle Vorzüge der Highlands: sanfte Hügel, bizarre Gebirgsketten, Buchten, Strände, Lochs und Meer, in einer reichlich vorhandenen Schönheit, die ihresgleichen sucht. Dazu kommen noch eine Menge an Sehenswürdigkeiten: mehrere Burgen, zwei Whisky-Destillerien, ein historisches Dorf, eine berühmte Felsnadel, wunderschöne und abwechslungsreiche Gebirgslandschaften und idyllische Hafenstädte.

Im Süden ragen die schwarzen und roten Cuillins scharfkantig und furchterregend in den Himmel. Die höchsten bis knapp tausend Meter, und das, obwohl das Land auf Meereshöhe startet. Dabei sieht man wunderschöne Kombinationen aus Lochs und Bergen, wie etwa das Loch Coruisk oder Coir' a' Ghrunnda. Im Norden hingegen findet man kunstvoll geschliffene Berge mit weichen und manchmal bizarren Formen. So zum Beispiel die MacLeods Tables mit ihren abgeflachten Gipfeln, der buckelige Quiraing oder die Felsnadel Old Man of Storr.

Doch Skye bietet nicht nur Berge, denn viele Meeresarme reichen ins Landesinnere. Insgesamt ergibt sich so eine Küstenlinie von über 500 Kilometern, aber nur wenige Sandstrände. Dafür findet man zauberhafte Buchten, wie die Talisker Bay oder die steilen Klippen am Neist Point. Die Meeresarme teilen sie übrigens auch in ihre verschiedenen Halbinseln: Minginish, Duirnish, Waternish, Trotternish, Sleat sind die größten. Auf Gälisch heißt die Insel übrigens »Eilean a' Cheò« – die Insel des Nebels. Eine wirklich treffende Beschreibung, denn oft hängen an den hohen Bergen Wolken und verschleiern so ihr Antlitz.

Seitdem die Isle of Skye mit einer Autobrücke an den Rest von Schottland angebunden ist, hat sie sich zu einem echten Touristenmagneten entwickelt. Kein Wunder, denn man findet viele kulturelle und landschaftliche Highlights. Bisweilen tummeln sich recht viele Besucher an einem Ort. Doch keine Sorge: Die Insel ist groß – größer als viele glauben.

DIE HEBRIDENINSEL SKYE IST EIN WAHRHAFTIG MAGISCHER ORT.

TIPPS & INFOS

KULINARIK: Für den kleinen Hunger findet man kleine Imbisse und Cafés von hohem Niveau, wie z.B. das Deli Gasta in Broadford. Ganz im Norden serviert das Skye Pie Café die typischen Pies mit Fisch oder Fleisch. Fast schon legendär ist die Oyster Shed in Carbost nahe der Talisker Distillery. Hier gibt es fangfrische Austern zu schlürfen.

ANREISE: Es gibt keinen Flughafen auf der Isle of Skye. Wenn man an einem der internationalen Flughäfen in Schottland ankommt, kann man von dort mit dem Auto, Bus oder Zug zur Isle of Skye reisen. Vom Festland aus gibt es zwei Fährverbindungen: Caledonian MacBrayne täglich von Mallaig und von Glenelg auf dem Festland nach Kylerhea.

FERNWANDERWEG: Der Isle-of-Skye-Trail ist ein anspruchsvoller, inoffizieller 127 km langer Weitwanderweg. Der Pfad erstreckt sich über den größten Teil der Insel Skye und führt durch schwieriges Gelände, einschließlich spektakulärer Berg- und Küstenlandschaften. Die Route folgt dem Trotternish Bergrücken, den Black and Red Cuillins sowie den Küstenklippen und steilen Hängen des Hochlandgebirges.

Grabhügel, Steinkreise und römische Artefakte finden sich hier ebenso wie mittelalterliche Burgen und Siedlungen.

»MEINE GROßE LIEBE GILT MEINER HEIMAT CORNWALL. ICH LIEBE ES, AN DEN STRÄNDEN UND IN DEN HAFENSTÄDTEN CORNWALLS ZU SITZEN UND DIE MENSCHEN ZU BEOBACHTEN, DIE SICH DORT VERGNÜGEN.«

John Dyer

81 GRAFSCHAFT CORNWALL

Ein Highlight nach dem anderen

Mit einem Tusch namens Cornwall verabschiedet sich Englands Südwesten in den Atlantik. Die langgezogene Grafschaft ragt zwar ein wenig wie eine Lanze in die offene See, aber klimatisch stimmt das Bild nicht ganz. Denn die atemberaubend kontrastreiche Landschaft, die durch die Wärme des Golfstroms geprägt ist, macht Cornwall im Südwesten Englands zu einer so einzigartigen Region. Die Halbinsel an der Keltischen See hat ein für englische Verhältnisse ungewöhnlich mildes, aber auch regnerisches Klima. Hier sind kilometerlange Sandstrände mit Palmen und glasklarem Wasser keine Seltenheit. Hier stehen in wunderschönen Gärten wie Heligan, Trebah oder dem umweltbewussten Eden Project subtropische Blumen in voller Pracht. Hier kann man neben pittoresken Fischerdörfern außergewöhnliche Kreidefelsen bewundern und abgeschiedene Fjorde entdecken. Denn die Grafschaft ist zudem geprägt durch zum Teil unberührte Landschaften, raue Steilküsten – gepaart mit zahlreichen historischen Sehenswürdigkeiten.

So blickt Cornwall auf eine lange Geschichte zurück und wurde bereits in der Altsteinzeit besiedelt. Kelten und Römer hinterließen überall ihre Spuren. Grabhügel, Steinkreise und römische Artefakte findet man hier genauso wie mittelalterliche Burgen und Siedlungen, wie St. Michaels Mount. Oder im Osten Cornwalls zwischen Bodmin und Launceston, wo das ehemaliges Bodmin Moor liegt. Dort zeugen an mehreren Stellen Steinkreise und andere Monumente von der historischen Vergangenheit der Region. Cornwall ist durchtränkt von Sagen und Legenden, die an Orten wie Tintagel Castle lebendig werden, wo angeblich einst König Artus geboren wurde. Im Sommer laden Seebäder wie St. Ives – vor allem bekannt für seine quicklebendige Kunstszene – oder Penzance zu den Entspannungen ein. Natürlich entdeckt man auch im Hinterland wunderbare Eindrücke.

Am besten vereint man beides – Meer und Hinterland – per Zug. Es gibt traumhafte Strecken in Cornwall, beispielsweise die von St. Erth nach St. Ives. Oder man fährt mit der nostalgischen Dampfeisenbahn Bodmin & Wenford Railway, der einzigen Eisenbahnstrecke, die noch mit der uralten Dampf-Technologie betrieben und befahren wird.

TIPPS & INFOS

AKTIVITÄTEN: Die volle Schönheit der Halbinsel kann man auf dem berühmten Wanderweg South West Coast Path genießen, der sich entlang Cornwalls Küsten zieht. Dieser bietet atemberaubende Ausblicke auf pittoreske Buchten, raue Küsten und bewaldete Täler.

REISEZEIT: Der Frühling ist eine der schönsten Jahreszeiten, um Südengland zu besuchen. Die Natur erwacht, Bäume treiben aus, Krokusse und Narzissen blühen, Vögel zwitschern und junge Lämmer springen übermütig über grüne Weiden. Und das Beste: Je weiter man nach Westen kommt, desto mehr entdeckt man den Frühling. Denn in Cornwall blühen Kamelien, Magnolien und Rhododendren deutlich früher als anderswo.

WEBSITE: www.visitcornwall.com

Die wilde Strand-Grasnelke wuchert an der Felsküste Bedruthan Steps bei Newquay.

Irland gehört zu den magischsten Ländern der Erde.

82 IRLAND Ein besonderer Ort

Einmal richtig durchatmen, den Blick über den Horizont gleiten lassen und dabei den Wellen zuhören. Wellen, die mehrere hundert Meter weiter unten gegen die steile Felswand der Klippen schlagen. Man spürt direkt wie sich jeglicher Stress in Luft auflöst. Das ist Irland. Wie ein Schritt zurück in eine langsamere, bessere Zeit mit endlosen grünen Feldern, einer unberührten Natur und einer spektakulären Küstenlandschaft. Egal, in welcher Ecke der Insel man sich gerade aufhält, man ist nie weiter als vier Fahrtstunden vom Meer entfernt. Im Norden sollte man auf jeden Fall einen Abstecher zu den Klippen von Slieve League machen. Sie liegen im Westen der Grafschaft Donegal. Mit einer Höhe von bis zu 600 Metern ist die Aussicht von den höchsten Seeklippen Europas einfach atemberaubend. Auf dem One Man's Path ist Vorsicht geboten. Er führt entlang der Klippen und ist teilweise nur 50 Zentimeter breit! Weiter im Süden lohnt sich eine Wanderung entlang der steil abfallenden Cliffs of Moher in der Grafschaft Clare sowie an den Klippen von Kilkee im County Kerry.

Neben steilen Klippen findet man an der irischen Küste einige wunderschöne Sandstrände. Inchydoney Beach im Südwesten der Grafschaft Cork erinnert mit seinem feinen weißen Sand und den Palmen an Spanien oder Portugal. Und auch den weitläufigen Surfer-Hotspot Inch Beach in Kerry mit den Sanddünen und dem tiefblauen Wasser erwartet man eher irgendwo im Süden.

TIPPS & INFOS

KULINARIK: Auf einer Irlandreise darf eines auf keinen Fall fehlen: Fisch & Chips. Als eines der Nationalgerichte der Iren wird der Backfisch mit Pommes fast überall angeboten. Besonders lecker ist es im Restaurant The Fishbox in Dingle. Aber auch bei Leo Burdock in Dublin, bei den Beshoff Bros in Howth und im Pub der Inchydoney Lodge in Clonakilty schmeckt es hervorragend.

SEHENSWÜRDIGKEIT: Der Wild Atlantic Way führt auf über 2500 Kilometern einmal an der gesamten Atlantikküste der Insel entlang. Für die komplette Strecke sollte man etwa zwei Wochen einplanen. Allerdings gibt es auf dem Wild Atlantic Way auch zahlreiche kürzere Strecken. Diese sind perfekt für Tagesausflüge.

WEBSITE: www.ireland.com

83 NATIONALPARK WEERIBBEN-WIEDEN

Eins der größten Flachmoore Europas

Nur einen Katzensprung von Amsterdam entfernt erstreckt sich eine einzigartige Welt aus Mooren und Schilfgürteln, Seen, Teichen und Kanälen: der Nationalpark Weerribben-Wieden. Das rund 10.000 Hektar große Gebiet schützt die größte Moor- und Sumpflandschaft Nordwest-Europas und bietet Naturfreunden viel Raum zum Entdecken und Entspannen. Das wunderschöne Labyrinth aus Schilfgürteln und Kanälen lässt sich am besten mit dem Boot erkunden. Das Naturparadies ist die Heimat und Brutstätte vieler Tiere und Pflanzenarten. Wasser- und Sumpfpflanzen fühlen sich im Niedermoor ebenso wohl wie der Graureiher, der Große Feuerfalter und die Hauben-Azurjungfer. Und wer ganz entspannt mit einem Kanu durch die Wasserlandschaft paddelt, trifft mit etwas Glück vielleicht sogar auf einen Otter, der seinen Kopf aus dem Schilf steckt. Wer lieber festen Boden unter den Füßen verspürt, der kann Wanderwege wie den »Laarzenpad« oder die »Stille Kiersche Wijde-Route« zu ausgiebigen Wanderungen durch das Feuchtgebiet nutzen. Der Laarzenpad startet direkt am Besucherzentrum De Wieden in Sint Jansklooster und führt als Rundtour durch den Nationalpark. Die Stille Kiersche Wijde-Route führt von Lozedijk (Wanneperveen) über unbefestigte Wege und Wiesen zu den Habitaten zahlreicher Vogelarten. Gummistiefel, Fernglas und Kamera sollte man auf jeden Fall dabeihaben!

TIPPS & INFOS

INFO: Weerribben-Wieden wurde ab Mitte des 16. Jahrhunderts durch Torfstecher geschaffen. Der nasse Torfschlamm wurde auf schmalen Landstreifen getrocknet, den sogenannten Ribben. So entstand das rechteckige Landschaftsmodell aus Moorlöchern (Wehren) und Ribben (Riedeln). Nach Einstellung des Torfabbaus blieb ein einzigartiges Naturgebiet als Hinterlassenschaft der Torfstecher zurück.

SONSTIGES: Perfekter Ausgangspunkt für eine Bootstour ist das malerische Dorf Giethoorn am Rande des Nationalparks. Die wunderbar hergerichteten Reetdachhäuser und die blumengeschmückten Gärten bieten einen unglaublich romantischen Anblick.

WEBSITE: www.visitweerribbenwieden.com

84 ARDENNEN Das grüne Herz der Wallonie

Romantische Städtchen schmiegen sich an waldbedeckte Hügel. Flüsse bahnen sich ihren Weg durchs Gebirge und über all dem wachen seit Jahrhunderten trutzige Burgen. Die Ardennen im Südosten Belgiens sind einzigartig. So windet sich dort die Semois malerisch durch die belgischen Ardennen bis über die Grenze nach Frankreich. Der Fluss hat sich im Laufe der Zeit tief ins Gebirge eingegraben. Er formt viele Schleifen um bewaldete Felshöhen. Dadurch ist eine traumschöne Naturlandschaft mit kleinen Dörfern, alten Burgen und grandiosen Aussichtspunkten entstanden. Zahlreiche Rundwanderwege führen durch das Tal und folgen dem Flusslauf. Wer hier eine Zeitreise in die Vergangenheit machen möchte, fährt am besten nach Wéris. Das Dorf und sein Umland gelten als das belgische Zentrum der Megalithen und Hünengräber. Die ungewöhnlich angeordneten Dolmen stammen aus der Zeit um 3000 v. Chr. und zählen zu den besterhaltenen Kultstätten der Wallonie. Man kann die uralten Steine auf einer Wanderung über das Megalithenfeld aus nächster Nähe betrachten. Wer achtsam reist, entdeckt auf Bergkuppen, an Flussläufen und auf Felsspornen über Altstädten Zeitzeugen aus längst vergangenen Zeiten: die Schlösser und Burgen der belgischen Ardennen. Viele der historischen Prachtbauten gewähren noch heute einen Einblick in das Leben des einst ansässigen Adels. Zu den schönsten unter ihnen zählen das altehrwürdige Schloss Walzin, die sagenumwobene Burg Bouillon und das Märchenschloss Vêves.

Dinant liegt eingebettet zwischen der Maas und hohen Felswänden und gilt als besonders malerischer Ort (links). Herbst in den Ardennen – schöner kann Belgien kaum sein (oben). Das Mëllerdall auf Luxemburgisch wird auch die Kleine Luxemburger Schweiz genannt (rechts).

TIPPS & INFOS

KULINARIK: Artisanal beschreibt perfekt die Haltung der Wallonen zur Produktion von Nahrungsmitteln. In der genussorientierten Wallonie geht es nicht um die Herstellung, sondern das Kunsthandwerk, das eine Vielzahl von Delikatessen im ganzen Land hervorgebracht hat.

SEHENSWÜRDIGKEITEN: Our gilt als eines der schönsten Dörfer der Ardennen. Ein Spaziergang durch dieses charmante Örtchen sollte man keinesfalls auslassen. Doch ist Our nicht nur als eines der schönsten Dörfer in den Ardennen bekannt, es ist auch ein absoluter Geheimtipp für alle Genießer. Vor allem La Table de Maxime, das Restaurant des Sternekochs Maxime Collard, ist einen Besuch wert.

WEBSITE: www.wallonie.be

85 REGION MÜLLERTHAL

Märchenhafte Gegend

Das Müllerthal besteht aus Waldmassiven, die von kleinen bewegten Wasserläuten durchzogen sind, außergewöhnlichen Biotopen, aus denen hohe Sandsteinformationen herausragen, enge Felspassagen, geheimnisvolle Höhlen und Schluchten und einer vielfältigen Pflanzenwelt. Diese Region im Nordosten wird auch »Kleine Luxemburger Schweiz« genannt und macht diesem Namen alle Ehre. Im Natur-und-Geopark Mëllerdall zeigt sich das große geologische Erbe aus imposanten Sandsteinfelsen mit engen Spalten und tiefen Schluchten sowie die große Pflanzenvielfalt. Viele Felsformationen sind zudem eng mit Sagen und Legenden verbunden und tragen geheimnisvolle Namen. Das Müllerthal ist sozusagen eine buchstäblich märchenhafte Gegend. Und das mit langer Tradition, denn einige der preisgekrönten Wanderwege stammen sogar noch aus dem 19. Jahrhundert mit Ausblicken auf das Sauertal oder die beeindruckenden Schlossruinen von Beaufort, Bourglinster und Larochette sowie die Schiessentümpel in der Nähe der Ortschaft Müllerthal. Viele dieser Wanderwege führen nach Echternach. Die größte und älteste Stadt Luxemburgs gilt als historisches Highlight der Region. Hier ist auch die wichtigsten Tradition Luxemburgs zu Hause: die Springprozession. Während dieser Prozession hüpfen immer am Pfingstdienstag rund um die große Abtei Tausende Menschen zur traditionellen Musik in einer ganz bestimmten Schrittfolge. Übrigens ist die Prozession seit 2010 immaterielles UNESCO-Weltkulturerbe.

TIPPS & INFOS

AKTIVITÄTEN: Als Wanderer entdeckt man die wunderbare Landschaft am besten auf dem 112 Kilometer langen »Mullerthal-Trail«. Eine kleine Rast kann man am Schiessentümpel machen, einem idyllischen Wasserfall, den man von einer rustikalen Brücke aus Stein und Holz bewundern kann. Vorbei an bizarren Schluchten und pittoresken Felsen lässt man hier die Seele einmal komplett baumeln und der Alltagsstress ist vergessen.
REISEZEIT: In Luxemburg herrscht das atlantisch-gemäßigte Klima mit mildem Winter und angenehm warmem Sommer. In der Zeit von Mai bis Oktober gibt es milde Temperaturen. Juli und August sind die heißesten Monate, während der Reisemonat Mai und der Reisemonat Juni die meisten Sonnenstunden mit sich bringen.
WEBSITE: www.mullerthal.lu/de

Kunst gibt es in Bilbao und die kann auch entspannen (links). Klein und fein sind die Pintxos, die man überall im Baskenland in den Bars und Markthallen bekommen kann (rechts).

86 BASKENLAND

Gernika und Biosphärenreservat Urdaibai

Zwischen Bilbao und San Sebastian an der rauen Atlantikküste im Norden Spaniens liegt im Herzen des Baskenlandes ein wunderschöner Naturpark. Fernab vom Massentourismus gibt es dort endlose Strände und wilde Natur. Malerische Fischerdörfer, sehenswerte Städte, hügeliges Hinterland und einige historische Sehenswürdigkeiten sind für einen abwechslungsreichen Kurzurlaub ideal. Der dürfte gerne auch einmal länger ausfallen, liegen doch mit den beiden Städten Bilbao und San Sebastian zusätzliche Höhepunkte direkt auf dem Weg. Bilbao trumpft mit seinem weltbekannten Guggenheim-Museum und der netten Altstadt, während San Sebastians altes Seebad vor allem durch seine Lage an der langen La Concha Bucht punktet. Auf halben Weg zwischen den beiden Städten liegt Gernica (Guernica), die heimliche Hauptstadt des Baskenlandes. Hier legten im 14.–16. Jahrhundert die kastilischen Könige bei ihrer Thronbesteigung auch einen Eid auf die Wahrung der baskischen Freiheitsrechte ab. Ein trauriges Kapitel in der Geschichte ereignete sich 1937, als während des spanischen Bürgerkriegs ein Bombenhagel auf die Stadt niederging und viele Menschen starben. Als Mahnmal für diese sinnlose Zerstörung schuf Pablo Picasso eines seiner berühmtesten Werke: Guernica. Das Städtchen ist heute wieder aufgebaut. Vor allem der zentrale baskische Versammlungssitz, das Casa de Juntas mit der »Heiligen Eiche«, ist eine Besichtigung wert.

Etwas nördlich der Stadt liegt das Naturschutzgebiet Urdaibai mit einem der wichtigsten Feuchtgebiete Europas. Das große Mündungsgebiet entsteht durch den Fluss Oka, in einigen Karten auch als Mundaka Ibaia bezeichnet. Bevor der Fluss bei Munadaka ins Meer mündet, entstand eines der schönsten Sumpfgebiete des Baskenlandes mit seinem außergewöhnlichen ökologischen Reichtum. Fischadler, Löffler, Rohrdommel und viele andere Vögel kann man hier vor allem beim Überwintern oder beim Zug in den Süden beobachten. Je nach Stand von Ebbe oder Flut werden weite Sandstrände geschaffen, daran grenzen die netten Fischerdörfchen Mundaka, Bermeo oder Elantxobe, mit einigen der beliebtesten Strände im Baskenland. So lässt es sich im Baskenland aushalten, gerne auch für länger.

»DIE BASKEN SIND ARGONAUTEN, MIT SEHR ZERBRECHLICH SCHIFFE.«

Joxe Azurmend

TIPPS & INFOS

KULTUR: Unweit von Gernica liegt an der Küste die Felseninsel Gaztelugatxe. Ein geradezu magischer Platz: verewigt als Drachenfels in der Serie Game of Thrones. Die kleine Insel ist nur durch eine Steinbrücke mit dem Festland verbunden, darüber schlängeln sich 231 steile Treppenstufen zur Kapelle San Juan de Gaztelugatxe. Die Anstrengung, zuerst vom Parkplatz abzusteigen, um dann auf die Insel hinaufzuklettern, lohnt sich.

GENUSS: Was dem Spanier seine Tapas sind, nennt sich bei den Basken Pintxos. Ein absolut kulinarisches Highlight, das in seiner Vielfältigkeit kaum zu überbieten ist. Man bekommt sie in den Bars oder Markthallen, allen voran im Mercado de la Ribera in Bilbao. Man muss sie einfach lieben und sollte besser auf das Kalorienzählen verzichten. Ein Genuss, der seinesgleichen sucht.

WEBSEITE: www.tourismus.euskadi.eus

Im Naturpark Landes de Gascogne kann man so einiges erleben (links). Das Böhmische Paradies bezaubert mit Naturschönheiten und reichen historischen Denkmälern, Burgen und Schlössern wie Schloss Hruba Skala (rechts).

87 LANDES DE GASCOGNE

Eine Oase für Naturliebhaber

Im Departement Gironde erstreckt sich in der Nähe von Belin-Béliet die Domaine Départemental Hostens, ein Ort für alle, die neue Kraft tanken, sich erholen oder sich einfach nur auf eine einzigartige Gegend einlassen wollen. Dort findet man auf 600 Hektar einen Naturraum, der als Naturschutzgebiet Natura 2000 eingestuft wurde. Er besitzt fünf Seen mit grünen und sehr einladenden Ufern und beherbergt zahlreiche Eichhörnchen, Vögel, Hirsche, Wildschweine und anderen Tierarten. Er erscheint wie ein idealer Ort, fast außerhalb unserer Zeit: der regionale Naturpark Gascogne Landes. Es ist der größte Wald Europas und besteht hauptsächlich aus Seekiefern. Doch hinter seinen Kiefernreihen und der scheinbaren Gleichförmigkeit dieses riesigen Gebiets verbirgt sich ein einzigartiger, magischer Naturraum, der viele Überraschungen bereithält.
So entdecken wir im Herzen des regionalen Naturparks in Saint-Symphorien, Bourideys und Captieux sogar einen Wald der zeitgenössischen Art: Auf einem raffinierten Pfad, der Natur und Kunst miteinander verbindet, haben Künstler entlang der Wege die Umgebung respektvoll genutzt und originelle Kunstwerke platziert, die man anfassen, fühlen, riechen und durch die man sogar hindurchgehen kann.

Übrigens wurde der Naturpark im 19. Jahrhundert von Menschen angelegt, denn das Gebiet war ein völlig ausgetrocknetes Binnenmeer mit unfruchtbarem Boden. Kein Ort, an dem man leben wollte. Es bestand nur aus Sümpfen und Sandebenen. Dann wurden erfolgreich Tausende Bäume gepflanzt, um die Feuchtgebiete zu entwässern, die Sümpfe zu renaturieren und die Wanderdünen an der Küste zu stabilisieren.

TIPPS & INFOS

AKTIVITÄTEN: Die Seele des Waldes Landes kann man am besten im Ökomuseum von Marquèze entdecken. In einer zehnminütigen Fahrt mit der Dampflokomotive reist man 150 Jahre zurück in die Vergangenheit. Dabei entdeckt man mitten im Wald eine ganze Zivilisation mit traditionellen Häusern, Bauernhöfen, Feldern und Haustieren, einer Mühle, einem Brotbackofen, einer Schäferei, antiken Möbeln und Werkzeugen.
KULINARIK: In der Gascogne haben Rinder kulinarisch eine wichtige Tradition. Auf den saftig würzigen Wiesen grasen die Chalosse-Rinder drei Jahre lang, bevor sie geschlachtet werden. Besonders gut schmeckt das Fleisch im marinierten Rinderragout »Daube de Gascogne«.
WEBSITE: www.tourisme-sud-gironde.com

88 BÖHMISCHES PARADIES

Muse der Künstler

Schon seit Jahrhunderten ist das Böhmische Paradies (Český ráj) die Muse zahlreicher Künstler, Schriftsteller, Maler und Romantiker, dazu zählen der Komponist Bedrich Smetana oder der Schriftsteller Vaclav Ctvrtek. Die Felsenstädte und Labyrinthe des Böhmischen Paradieses und insbesondere die Prachauer Felsen (Prachovské skály) begeistern wegen der vielen kleinen Wege, die sich durch sie hindurchschlängeln. Die Wege führen durch schmale Felsspalten. Manche hoch hinauf zu tollen Aussichtspunkten. Den schönsten Ausblick auf die umliegende Natur bietet der Aussichtsturm Kozákov. Sehenswert sind auch das Felsgebiet Groß-Skaler-Felsenstadt (Hruboskalské skalní město) und das elegante Schloss Hrubá Skála (Groß Skal), das direkt über der Felsenstadt thront. Ein weiteres Highlight ist die Burgruine Trosky, zu der man über zwei steile Felsvorsprünge aus Vulkangestein klettern muss. Wer märchenhafte Burgen mag, der sollte unbedingt die unbezwingbare Burg Kost besichtigen. Das gesamte Gebiet des Böhmischen Paradieses wurde im Jahre 2005 als Europäischer Geopark ausgezeichnet. Hier gibt es zahlreiche Fundorte von Ergussgesteinen wie Achaten, Amethysten, Jaspissen, Chalzedonen und anderen Edelsteinen. Die Bearbeitung von diesen Edelsteinen ist schon seit vielen Jahren mit der Geschichte der Stadt Turnov verbunden, die das wirtschaftliche und kulturelle Zentrum des Böhmischen Paradieses ist. Daher wird die an der Iser gelegene Stadt Turnov das Herz des Böhmischen Paradieses genannt.

TIPPS & INFOS

KULINARIK: Die örtliche Küche bietet unverwechselbare Düfte und Geschmäcker wie Sauerkraut aus Vysoké nad Jizerou, Knödel mit ausgelassener übergossener Butter oder Vysocké bobky, ein traditionelles regionales Gebäck, das geschmacklich an Lebkuchen erinnert.

SEHENSWÜRDIGKEITEN: Von hier aus kann man gut einen Abstecher in das Riesengebirge, Tschechiens höchstes Gebirge, machen oder auch die Stadt Mladá Boleslav (Jungbunzlau) besuchen, deren Geschichte eng mit der tschechischen Autofirma Škoda verbunden ist.

WEBSITE: www.cztip.eu

Auf Lavendelfelder und Bories, die Hütten der Hirten, trifft man im Luberon (links). Magisch wirken die Ockerfelsen im ehemaligen Abbaugebiet bei Roussillon (rechts).

89 LUBERON Alle Farben der Provence

Das Luberon ist ein Teil der französischen Provence. Ein pittoresker Landstrich, der all das beinhaltetet, was man sich von einer zauberhaften Auszeit in einer der schönsten Regionen Frankreichs wünscht. Hier werden alle Klischees wahr und das innerhalb eines kleinen Radius: endlose Reihen violetter Lavendelfelder, kleine charmante Dörfer mit einem brunnenbestücktem Place du Mairie, einmalige Lichtspiele über den Hügeln, die schon ganze Künstlerkolonien faszinierten, Märkte mit provenzalischen Köstlichkeiten, uralte Olivenmühlen und zuckersüß kandierte Früchte, sogenannte fruits confits. Man hört die Zikaden singen, spürt den lauen Sommerwind, riecht die Kräuter der Provence und schmeckt den fruchtigen Roséwein im kalten Glas. So lässt sich das Leben mit allen Sinnen im Luberon genießen.

Das Luberon liegt östlich von Avignon und verteilt sich vor allem auf zwei Täler, die durch den Rücken des 1125 Meter hohen Mount Nègre getrennt sind. Ein Teil des Gebiets, das von den beiden Flüssen Durance und Calavon durchflossen wird, gehört zum Biosphärenreservat und Naturpark Luberon. Die abwechslungsreiche Geologie ist der grundlegende Bestandteil für die Vielfältigkeit der Region. An den karstigen Berghängen gedeihen Flaumeichen, Pinien und Zedern, im grauen Mergel bei Apt findet man Fossilien, es gibt Schluchten wie die von Aiguebrun mit ihrem kristallklaren Wasser. Dazu kommt jede Menge Kunst und Kultur. Von den neolithischen Dolmen de l'Ubac, zur alten Römerbrücke Pont Julien oder der Zisterzienserabtei von Sénanque. Und nicht zu vergessen das Dörfchen Roussillon auf seinem Hügel. Hier hat die Mutter Erde ihre Farbpalette verloren. Gelb-, Braun- und Rottöne fügen sich zu einem weichfließenden Ombré zusammen. In den Ockerbrüchen von Roussillon wurden schon zu Römerzeiten Farbpigmente abgebaut. Auf einem Lehrpfad entlang der bizarren ausgewaschenen Formationen kann man viel über den Abbau erfahren und dabei tief in die einzelnen Nuancen des einzigartigen Farbenspiels eintauchen. Im Luberon ist eines ganz gewiss: Hier weiß man, wie es sich leben lässt.

»DAS LEBEN EINES MENSCHEN IST GEFÄRBT VON DER FARBE SEINER VORSTELLUNGSKRAFT.«

Marc Aurel

TIPPS & INFOS

NATUR: Östlich von Apt gibt es bei Rustrel weitere herrliche Ockerfelsen. Le Colorado Provençal liegt hinter einem Pinienwald und verblüfft mit seinen orange-braun-gelben Ockertönen. Im Farbenrausch kann man sich hier bei einer Wanderung niemals sattsehen. Für den Zugang muss man einen kleinen Eintritt entrichten: www.coloradoprovencal.fr

KULTUR: Überall im Luberon trifft man bei Wanderungen auf alte Bories. Das sind Trockensteinhütten, die wie kleine Iglus mühsam Stein für Stein aufgestellt wurden. Sie dienten den Bauern und Hirten als Unterschlupf, aber auch als Scheune oder Stall. Auch Steinmauern wurden auf diese Art als Rückhaltebereich oder als Zaun errichtet.

WEBSEITE: www.provence-tourismus.de

Zu herausragendem Wein gesellt sich ebenso köstlicher Käse, dafür ist das Piemont bekannt.

»WEIN IST POESIE IN FLASCHEN.«

Robert Louis Stevenson

90 MONFERRATO Piemontesische Genusslandschaft

Unentdeckt und unbekannt, Piemont, die Region am Fuße der Berge, ist die versteckte Schönheit Italiens. Alle berühmten Italienreisende wie Hesse, Dickens, Hemingway und sogar Goethe sind bis Sizilien vorgedrungen und haben Lobeshymnen geschrieben. Nur das Piemont, das ganz im Nordwesten Italiens liegt, haben sie auf ihrem Weg in den Süden rechts liegen lassen. Definitiv ein Fehler! Doch diese Missachtung entpuppt sich als Segen für diesen herrlichen Landstrich, der nicht so überlaufen ist wie andere Regionen Italiens. Im Piemont ist alles noch ein bisschen unverfälschter und echter. Grob einteilen lässt sich das Piemont im Norden mit dem Lago Maggiore, der großen Poebene und nach Frankreich hin mit den Bergtälern des Westalpenbogens. Im Süden schließt sich dann das Hügelland Roero, Langhe und Monferrato an. Dort hat die Natur ihr Füllhorn besonders verschwenderisch ausgeschüttet.

Während man die Langhe wegen ihrer weltbekannten Weinsorten Barolo und Barbaresco noch kennen könnte, sind das Roero und das Monferrato für viele Terra Incognita. Monferrato, früher eine Grafschaft, ist kein echter geografischer oder politischer Begriff. Vielmehr wird die Gegend rund um die Stadt Asti damit bezeichnet. Eine sanft gewellte Hügellandschaft, bekrönt von vielen Burgen, versehen mit einigen wunderschönen romanischen Kirchen und bewachsen mit endlosen Weinreben. Nicht alle liefern die Muskatellertraube für den süßen Asti Spumante, denn im Monferrato werden auch ganz seltene Weine, wie der Ruché oder der Grignolino, kultiviert. Dazu gesellt sich die fantastische Küche. Kein Wunder: Das Piemont ist der Ursprung der Slow-Food Bewegung. Spezialitäten gibt es zuhauf. Allein Antipasti spielt eine große Rolle: Carne Cruda, Vitello Tonnato, Soufflés mit Gemüse samt Fondutasoße. Danach folgen Eiernudeln oder als Agnolotti al plin, je nach Jahreszeit auch gerne mit Trüffel serviert. Als Hauptgang gibt es Fritto misto oder ein feiner Brasato al Barolo, ein lange geschmorter Rinderbraten, dessen Soße selbsterklärend ist. Ein dunkler Schokoladenpudding, Bunet, Tartufo oder Baci di Dama beenden das Mahl. Wer nicht nur Abschalten möchte, sondern sich obendrein kulinarisch verwöhnen lassen möchte, ist hier besonders gut aufgehoben.

TIPPS & INFOS

KULTUR: Asti ist ein wichtiges wirtschaftliches und kulturelles Zentrum und Hauptstadt der gleichnamigen Provinz. Einige Geschlechtertürme von einstmals 120 Stück wachen noch immer über die Altstadt. Das Herz der Stadt schlägt auf der Piazza San Secondo mit der gleichnamigen Kirche und der Krypta aus dem 8. Jahrhundert. Berühmteste Söhne von Asti sind der Dichter Vittorio Alfieri und der Liedermacher Paolo Conte. Und feiern können die Astigiani – mit einem Pferderennen, dem Palio, der Douja d´Or oder dem Festival delle Sagre.

SPECIAL: Einmal im Jahr findet südlich von Asti in Canelli ein buntes Historienspektakel statt. Beim L´Assedio di Canelli wird die Belagerung der Stadt durch spanische Truppen samt ihrer erfolgreichen Vertreibung nachgestellt. Ganz Canelli beteiligt sich bei diesem Fest und verwandelt sich zu einem Schauplatz aus dem 17. Jahrhundert.

WEBSITE: www.visit.asti.it

Feuer und Rauch wabern über das historisch nachgestellte Schlachtfeld von Canelli.

Im Hafen von Scario am südlichen Ende des Nationalparks Cilento (links). Der gut erhaltene Tempel der Athene in der archäologischen Stätte von Paestum (rechts).

91 NATIONALPARK CILENTO

Die Unbekannte

Cilento nennt sich ein Landstrich in Italien, der in Kampanien im Südwesten der Provinz Salerno liegt. Das Gebiet erstreckt sich zwischen Paestum im Norden, dem Diano-Tal im Osten und dem Dorf Sapri im Süden. Mit einer rund 100 Kilometer langen herrlichen Küste, bei der sich Sandstrände und versteckte Felsbuchten abwechseln, grenzt das Cilento an das Tyrrhenische Meer und vereint somit das Beste zwischen dem hügeligen Bergland und der Weite des Meeres. Ein Großteil des Cilento wurde 1991 zum »Nationalpark Cilento und Vallo di Diano« erklärt und damit eine Fläche von 181.048 Hektar unter Schutz gestellt. (www.cilentoediano.it) 1998 wurden die Bemühungen zum Erhalt der Natur und Kultur extra ausgezeichnet: Das Cilento erhielt das Gütesiegel des UNESCO-Welterbes. Auch wenn man den Südländern einen fahrlässigen Umgang mit der Umwelt nachsagt, achtet man im Cilento nun verstärkt auf seine Berge und das Meer. So ist der Meerespark Punta Licosa und Infreschi an der felsigen Küste für seine besonders hohe Wasserqualität bekannt, auch die vielen anderen Buchten und Strände sind ein echtes Vergnügen für einen Badeaufenthalt.

Auf der anderen Seite lockt das reizvolle Hinterland mit seinen hohen Bergen und den vielen kleinen verwinkelten Dörfern, die wie Piratenester wirken. Alte Pilgerwege führen durch endlose Olivenhaine, die hochgewachsenen knorrigen Bäume tragen die Sorte Pisiciottana. Je weiter man in das Landesinnere dringt, umso dichter und naturbelassener werden die Wälder und man findet Schluchten, Quellen, alte Brücken und herrliche Aussichtspunkte. Deshalb sollte man keinesfalls seine Wanderschuhe vergessen, wenn man sich auf eine Reise ins Cilento begibt. Aber natürlich packt man auch seine Badesachen mit ein, denn die schönen Strände lässt man sich ebenfalls nicht entgehen. Und auch Kunstinteressierte kommen nicht zu kurz, die Ausgrabungen von Velia oder das Kloster von Padula gehören auf die To-Do-Liste, genauso wie das Fischerdorf Acciaroli, in dem Ernest Hemingway weilte, oder das auf einem Felsen thronende Dorf Castellabate mit seinem sensationellen Ausblick über Land und Meer.

»DER MENSCH BESIEHT SEIN SPIEGELBILD NICHT IN FLIESSENDEM WASSER, SONDERN IN STILLEM WASSER.«

Dschuang Dsi

TIPPS & INFOS

KULTUR: Paestum fällt einfach aus der Zeit. Die griechische Tempelanlage ist so gut erhalten, dass man meinen könnte, hier seien erst vor 200 Jahren die letzten Opferfeuer erloschen. Auf dem großen Ausgrabungsgelände mit dem Poseidon Tempel, dem Hera Tempel und dem Tempel der Athena, führt kein Weg vorbei. Die Anlage liegt nördlich des Cilentos an der langen Bucht von Salerno: www.museopaestum.beniculturali.it

GENUSS: Der Norden des Cilentos ist berühmt für Büffelmozzarella – den typisch weißen cremigen Käse, dessen Geschmack sich aber nicht mit dem Mozzarella vergleichen lässt, der aus Kuhmilch hergestellt wird. Überall weisen Schilder an der Straße bei Paestum auf Büffelfarmen hin, die man besichtigen kann, um die Köstlichkeit vor Ort zu erwerben. Unbedingt sollte man sich einen biologisch geführten Betrieb aussuchen, wie die Tenuta Vanulo: www.vannulo.it

WEBSEITE: www.cilentoturismo.it

»THE CLEAREST WAY
INTO THE UNIVERSE
IS THROUGH A FOREST WILDERNESS«.

John Muir

92 NORDSCHWARZWALD

Dunkle Wälder, freundliche Kurstädte

Sanft geschwungene Hügel, endlose dichte Wälder, rauschende Flüsse, Hochmoore und eiszeitliche Karseen. Kleine verträumte Kurorte mit langer Geschichte, malerische Fachwerkstädte und ehrwürdige Klöster – der Nordschwarzwald zwischen Baden-Baden, Freudenstadt und Calw ist einer der unbekannteren Reiseziele direkt vor unserer Haustüre. Klar, die bekanntesten Schwarzwald-Highlights sind weiter unten im Süden, aber der Trubel, der dort an manchen Tagen herrscht, macht nicht unbedingt glücklich. Einer der kleinen Orte, wie Bad Wildbad, der zentral im Nordschwarzwald liegt, ist für ein paar ruhige Tage viel besser geeignet. Der kleine Kurort lässt sich sogar mit öffentlichen Verkehrsmitteln erreichen. Zu Fuß oder mit der Bahn geht es dann auf den Sommerberg mit seinem hohen Baumwipfelpfad und der Hängebrücke Wildline. Auch der große Kurpark ist außerordentlich attraktiv entlang der Großen Enz angelegt. Für längere Touren geht es nach Kaltenbronn ins Naturschutzgebiet Wildsee mit seinem langen Bohlenweg. Alles kleine Naturwunder, die man unbedingt einmal gesehen haben sollte. Zudem locken Ausflüge in die nahen malerischen Fachwerkstädte wie Calw oder Altensteig. So kommen Genuss und Kultur sowie Ruhe und Natur nicht zu kurz.

TIPPS & INFOS

SPECIAL: Die Schwarzwaldhochstraße führt von Baden Baden nach Freudendstadt. Allein auf diesem kurzen Abschnitt von gerade 60 Kilometern gibt es viel zu erleben. Der Mummelsee mit seinem dunklen Wasser ist ein beliebter Stopp, kleine Gipfel wie der Seekopf lassen sich rasch erobern und auch Freudenstadt mit dem größten Marktplatz Deutschlands ist äußerst sehenswert.

KULTUR: Bei Calw liegt die Klosterruine Hirsau. Das einst bedeutende Benediktinerkloster ist schon im 8. Jahrhundert gegründet worden. Heute sind außer einigen wenigen Gebäuden nur noch Ruinen übrig. Aber gerade das macht den besonderen Charme dieses Platzes aus. Über dem Kreuzgang wölbt sich der blaue Himmel und dem feudalen Schloss ist die einstige Pracht immer noch anzusehen, obwohl nur die Wände stehen geblieben sind.

WEBSITE: www.bad-wildbad.de, www.naturparkschwarzwald.de

Pittoreske historische Fachwerkhäuser schmücken den Marktplatz in Calw (links). Mit dem Fahrrad geht es durch das Felsenmeer im Wental bei Steinheim am Albuch (unten).

93 SCHWÄBISCHE ALB

Rauh, karg und genau deswegen wunderschön

Baden-Württemberg ist die Heimat der Schwäbischen Alb. Zwischen dem großen Stuttgarter Becken und dem Tal der Donau erhebt sich eines der artenreichsten Mittelgebirge Deutschlands. Geboren aus dem einstigen Jurameer, das sich im Lauf der Millionen Jahre gehoben hat, zersetzt von Wind, Wetter und Wasser zeigt die Schwäbische Alb ein karstiges Gesicht. Quelltöpfe, Höhlensysteme, Felsenlandschaften, Wasserfälle, Schluchten, Magerrasen, Wachholderheiden und Trockentäler sind ihr Markenzeichen. Einzigartige Lebensräume im Herzen Deutschlands. Bei Wanderungen oder mit Radtouren lassen sich einige der schönsten Plätze entdecken, von der Versickerung der Donau zum magischen Blautopf. Aber die Schwäbische Alb kann noch viel mehr. Unzählige Burgen warten im Land der Hohenzollern und der Staufer auf eine Besichtigung. Quirlige Städte wie Tübingen, Rottenburg, Aalen oder Ulm beeindrucken mit ihrem farbenfrohen Fachwerk, langer Geschichte, Museen und sakraler Kirchenkunst. Aber auch der Genuss kommt nicht zu kurz: traditionelle Cafés, urige Weinstuben und Feinschmecker Restaurants; es ist für jeden etwas dabei. Nicht zu vergessen die wohltuenden Heil- und Thermalbäder, die sich an den unterirdischen warmen Quellen bedienen. Schon die Römer pflegten hier ihre Badekultur und so ist das unter anderem in Bad Urach, Bad Überkingen oder Aalen geblieben.

TIPPS & INFOS

WANDERUNG: Einer der schönsten Wanderwege führt von bei Bad Urach über die Höhenzüge des engen Tals rund um den Runden Berg. Der Wassserfallsteig macht dabei seinem Namen alle Ehre und führt auf einer Länge von 10 Kilometern die Wanderer vorbei an Aussichtspunkten und einer Kneippanlage zu den Uracher Wasserfällen. Diese sind eine der großen Sehenswürdigkeiten im Tal der Erms.

KULTUR: Bad Urach liegt am Fuße der schwäbischen Alb. Bekannt als Luftkurort und Heilbad besitzt Bad Urach neben einer herrlichen Therme einen hübschen mit Fachwerkhäusern umrahmten Marktplatz, ein Residenzschloss und viele Kirchen. Das Shoppingparadies Metzingen mit seinen großen Outlets ist übrigens von Bad Urach gerade einmal 11 Kilometer entfernt.

WEBSITE: www.schwaebischealb.de

Die Willibaldsburg bei Eichstätt thront über der Altmühl.

»EINE VORAUSSETZUNG FÜR DEN FRIEDEN IST DER RESPEKT VOR DEM ANDERSSEIN UND DER VIELFÄLTIGKEIT DES LEBENS.«

Dalai Lama

94 ALTMÜHLTAL Das Tal der Täler

Drei große Ströme durchfließen Deutschland: Rhein, Elbe und Donau und mit ihnen zahllose kleinere Nebenflüsse, die das Land fein gliedern. Einer der liebenswertesten von ihnen ist wohl die Altmühl. Sie fließt so herrlich beschaulich und in weiten Teilen noch sehr naturbelassen durch Mittelfanken, Oberbayern und die Oberpfalz. In ihrem Oberlauf holt sie sich langsam Kraft und wird von einem kleinen Wiesenbach zum Fluss. Die Kraft braucht sie auch, um den Jura zu durchbrechen, der sie bis zu ihrer Mündung in die Donau bei Kelheim begleitet.

Hier entsteht das Bild der Altmühl: Ein tief eingeschnittenes, aber dennoch breites Tal, das von hohen Kalkfelsen begrenzt ist. Wachholderheiden und Magerrasen sind das typische Vegetationsbild an den steilen und trockenen Hängen im Altmühltal, an denen Schafherden die Vegetation kurzhalten. In weiten Schleifen schlängelt sich der Fluss und lässt reichlich Raum für Dörfer, die ihr altes freundliches Gesicht bewahrt haben. Sogar die einzige Stadt im Unterlauf der Altmühl, Eichstätt, hat es verstanden, Maß zu halten. Die Domtürme stehen als weithin sichtbare Landmarke über ihren Dächern und darüber wacht die gewaltige Bastion der Willibaldsburg. Dabei lebt Eichstätt von seinen Kontrasten. Zwischen den alten Prachtbauten des Fürstbistums Eichstätt beleben junge Studenten die Altstadtplätze. In den letzten 30 Kilometern Flusslauf geht die Altmühl im großen Main-Donau-Kanal auf. Doch die Dörfer des Tales haben ihren alten Charme nicht verloren, im Gegenteil, liebevoll renoviert sind sie heute schöner denn je zuvor.

So eine wunderschöne Landschaft erkundet man am besten mit dem Fahrrad oder zu Fuß. Es gibt zahllose Wanderwege, alle bestens markiert und beschrieben. Mit dem Fahrrad lassen sich aber längere Strecken schaffen. Dafür wurde eigens von der Quelle zur Mündung der Altmühltal Radweg angelegt. Dabei trifft man auf alle wichtigen Sehenswürdigkeiten entlang des Flusslaufs. So kann man ganz leicht sportliche Bewegung mit Sightseeing und herrlichem Landschaftserlebnis verbinden.

TIPPS & INFOS

KULTUR: Eichstätt, die ehrwürdige Bischofsstadt, gehört natürlich ausgiebig besichtigt. Rund um den Domplatz mit Dom und gotischem Mortuarium sowie dem Residenzplatz mit der fürstbischöflichen Residenz sind die meisten Sehenswürdigkeiten zu finden.

SPECIAL: Bei Kelheim verabschiedet sich die Altmühl in die Donau. Etwas flussaufwärts durchbricht die Donau den Jura und schafft sich eine dramatische Schlucht, den Donaudurchbruch. Mit einer Wanderung folgt man der Donau in Kelheim flussaufwärts, um dann im Kloster Weltenburg mit dem Schiff durch die Flussenge zurückzufahren.

WEBSEITE: www.naturpark-altmuehltal.de

Unweit von Kelheim sollte man den Donaudurchbruch besuchen.

Das Burgenland ist ein Fahrradparadies, rund um den Neusiedlersee gibt es viele Hinweise für die Fahrradrundtour (links). In der Kellergasse bei Heiligenbrunn kann man Wein probieren und einen netten Abend verbringen (rechts).

95 BURGENLAND Glücksmomente in der Puszta

Vom Leithagebirge, einer Anhohe sud-ostlich von Wien, blickt man auf eine Landschaft, die für Österreich ungewöhnlich ist. Im Talboden liegt der riesengroße Neusiedler See, eingerahmt von einem kilometerbreiten Schilfgürtel. Eingebettet in eine völlig flache Landschaft, die Pannonische Tiefebene, der westliche Ausläufer einer Steppe, die sich über Ungarn bis weit in den Osten nach Asien erstreckt. Dieses weite Becken ist eines der Wahrzeichen des Burgenlandes, das auch für ein besonderes Klima verantwortlich ist: heiß und trocken im Sommer, hingegen kalt im Winter. Der Neusiedler See teilt sich sein Ufer mit Ungarn. Fast die Hälfte des Sees ist von einem Schilfgürtel umgeben. Er bildet den Lebensraum für eine einzigartige Tierwelt, für deren Erhalt die beiden Nationalparks Neusiedler See-Seewinkel und Ferto-Hanság errichtet wurden.

Drei Dörfer bilden das Herzstück des Seewinkels: Illmitz, Apetlon und Podersdorf. Podersdorf liegt direkt am Ufer des Neusiedler Sees. Übrigens der einzige Ort am See, der einen direkten, schilffreien Zugang zum Wasser und den einzigen Leuchtturm besitzt. Illmitz ist besonders als Ausgangspunkt für Erkundungen im Nationalpark beliebt. Unweit des Dorfes wurde an der Zicklacke das Informationszentrum errichtet. Apetlon liegt fast im Süden kurz vor der ungarischen Grenze. Das kleine Dorf mit seinen idyllischen Reetdachhäusern hat sich einen Namen als Weinort gemacht.

Aber eigentlich spielt überall im Burgenland der Weinanbau eine große Rolle. Bis ganz in den Süden, bis an die Grenze zur Steiermark im Lafnitztal, reihen sich unendlich viele Weinhügel aneinander. In vielen malerischen Dörfern wie Heiligenbrunn, Kohfidisch oder Purbach gibt es Kellergassen und Kellerviertel. Gegen Abend öffnen dort die Heurigen Weinkeller. Gemütlich und gesellig sitzt man an langen Holztischen und lässt sich den hauseigenen Wein mit einer Marende schmecken. Die Weine sind vorzüglich und es gibt sogar ganz seltene Sorten, wie den Uhudler. Noch nie davon gehört? Dann ist es an der Zeit ins Burgenland zu fahren.

»DIE GABEN DER NATUR UND DES GLÜCKS SIND NICHT SO SELTEN WIE DIE KUNST, SIE ZU GENIEẞEN ...«

Luc de Clapiers, der Marquis de Vauvenargues.

TIPPS & INFOS

KULTUR: Mörbisch macht nicht nur durch seine Festspiele auf sich aufmerksam, sondern auch durch seine romantischen Hofgassen, die inzwischen zum UNESCO-Weltkulturerbe gehören. Weiter nördlich liegt der bekannte Weinort Rust, der gerne auch als die Stadt der Störche bezeichnet wird. Kaum ein Haus, das nicht Storchennester trägt.

AKTIV: Wer es sportlich mag, erkundet den Neusiedler See auf dem Fahrrad. Rund um den See verläuft der 121,5 Kilometer lange Seerundweg, der dann auch durch den ungarischen Teil führt. Kürzer ist der Kirschblütenradweg, der sich vor allem im Frühjahr unter dem weißen Blütenmeer der Kirchbäume lohnt.

WEBSITE: www.neusiedlersee.com

Mit dem Floss geht es über den Dunajec, den Grenzfluss zwischen Polen und der Slowakei.

»ES IST DOCH ERSTAUNLICH, WAS EIN EINZIGER SONNENSTRAHL MIT DER SEELE DES MENSCHEN MACHEN KANN.«

Fjodor Dostojewski

96 SLOWAKEI

Ab ins unbekannte Zipser Land

Lange ist es her, da wurde die Slowakei in einem Atemzug mit der Tschechoslowakei genannt. Und auch nach der offiziellen Trennung der beiden Staaten 1989 hatte man die kleine Slowakei noch lange nicht als eigenständiges europäisches Land auf dem Radar. Das ist eigentlich ganz gut, denn so erwachte die Slowakei langsam aus dem Dornröschenschlaf der sozialistischen Ära. Heute entpuppt es sich als wirklich außergewöhnliches und originelles Reiseziel, vor allem, weil es immer noch relativ unbekannt im Herzen Europas schlummert. In der Slowakei gibt es atemberaubende Landschaften, die tollen Berge der Hohen Tatra, dunkle Wälder, kleine Städtchen mit mittelalterlichem Flair und vor allem jede Menge Burgen und Schlösser. Während man zumindest die Hauptstadt Bratislava, das ehemalige Pressburg, ganz im Westen des Landes noch kennen könnte, ist das Zipser Land, im Nordosten am Rand der Hohen Tatra, vielen unbekannt. Dabei haben die meisten Siedlungen im Zipser Land sogar deutschen Ursprung, denn das Gebiet wurde ab dem 13. Jahrhundert vor allem von deutschen Auswanderern besiedelt. Dazu kamen Ungarn, Slawen, Russen und Polen, ein richtiger Vielvölkerstaat mit einer langen Geschichte und vielen Traditionen.

Eine der großen Sehenswürdigkeiten der Region ist die Zipser Burg. Der Anblick der mächtigen Festung auf einem Hügel inmitten der weiten ebenen Landschaft erinnert an eine Filmkulisse. Mit einer Fläche von fast vier Hektar zählt sie zu den größten Burgruinen Europas und steht auf der Liste des UNESCO-Welterbes. Die Burg wurde im 11. und 12. Jahrhundert erbaut, bis heute besitzt sie ihre Wehrmauer, die das ganze Areal umschlingt. Zu ihren Füssen liegt die sehr entspannte Stadt Zips mit ihren langen von Häusern gesäumten Straßen. Nicht weit davon entfernt und nur durch ein paar grüne Hügel und goldgelbe Weizenfelder getrennt liegt Levoca (Leutschau). Ebenfalls eine wundervolle Stadt mit vielen alten Bürgerhäusern, einer gotischen Kirche und einem markanten Rathaus. Von beiden Städtchen ist es nicht weit, um zu Wanderungen im Tatra-Gebirge zu starten oder den Pieninen-Nationalpark zu besuchen.

TIPPS & INFOS

KULTUR: Die Burg Zips kann man besichtigen, ganz oben vom Burgturm genießt man eine herrliche Aussicht auf das sanft hügelige Umland und das Tatra-Gebirge. Für die Burg gibt es Führungen, aber den großen Teil kann man auch frei erkunden.

NATUR: Der Pieninen-Nationalpark liegt nördlich von Levoca, er ist der kleinste von insgesamt neun Nationalparks der Slowakei. Der Grenzfluss Dunajec fließt durch ein enges Durchbruchstal, hier kann man eine Floßfahrt unternehmen. Die Floßführer in traditioneller goralischen Tracht, eine an der polnisch-slowakischen Grenze lebende Volksgruppe, erzählen viel von der Geschichte und Natur der Gegend.

WEBSITE: www.slovakia.travel/de

Das Gelände der Zipser Burg ist riesig.

Der vergessene Wald des Shebenik-Jabllanica-Nationalparks gehört zu Albaniens letzten unberührten Naturparadiesen (rechts). Der Nationalpark ist auch die Heimat einiger Braunbären, die man jedoch nur mit viel Glück zu sehen bekommt (links).

97 SHEBENIK-JABLLANICA-NATIONALPARK

Grandiose Natur im vergessenen Land

Fernab der touristischen Strände Albaniens findet man im Shebenik-Jabllanica-Nationalpark ein letztes unberührtes Naturparadies. An der Grenze zu Nordmazedonien ist der Nationalpark von der UNESCO ausgezeichnet und Teil des »Grünen Band Europas«, das den naturnah belassenen Grenzstreifen des ehemaligen Eisernen Vorhangs quer durch Europa schützt. Der Park bietet einige der rauesten Landschaften des Landes, die von den Gletschern der letzten Eiszeit in ihre heutige Form gebracht wurden. Es ist die Heimat von 14 Gletscherseen, von denen der höchste zwischen 1500 und 1900 Metern über der Adria liegt. Einer davon – eingerahmt von sanften Wiesen und schroffen Bergen – ist der einsame Fushë-Studën-See, der je nach Jahreszeit und Farbe der Bäume mal rötlich, grün, blau oder türkis schimmert. Zudem fließen zwei Flüsse und einige kleinere Wasserquellen durch das Parkgebiet. Einschließlich der Flüsse Qarrishte und Bushtrice sind beide satte 22 Kilometer lang sind. Man findet noch wertvolle natürliche Lebensräume sowie Flora und Fauna von internationaler Bedeutung. Denn hier streifen noch Braunbären, der seltene Balkan-Luchs, Wölfe und Wildschweine durch die unberührten, jahrtausendealten Wälder. Überall duftet es nach wildem Thymian, Rosmarin und Wacholder.

340 Quadratkilometer ist er groß, mit alten Buchenwäldern – von denen einige wegen ihrer Unzugänglichkeit ziemlich alt sind. Insbesondere die Laubwälder, hauptsächlich die Rotbuche, sind auf dem gesamten Gebiet des Nationalparks präsent. Aber im Park findet man auch alpine Matten, endemische Pflanzenarten wie das Balkan-Veilchen, die Albanischen Lilie und die Jabllanicë-Lichtnelke. Allerdings verhindert die weit verbreitete Korruption des Landes, dass öffentliche Gelder – wie eigentlich geplant – für den Nationalpark mit seiner grandiosen Natur eingesetzt werden. Vor allem für Straßen, Wanderwege oder das Besucherzentrum wäre es notwendig. Deswegen mangelt es hier an allem. Aber nur der Tourismus könnte die Gegend wiederbeleben und die private Abholzung stoppen. Aber es scheint, als ob das Land dort einfach vergessen wurde. Ein Naturerlebnis der besonderen Art.

TIPPS & INFOS

BESUCHERZENTRUM & ÜBERNACHTUNG: Das Besucherzentrum des Nationalparks in Fushë Studën bietet zwei Mehrbettzimmer ohne feste Heizung, ein Gemeinschaftsbad und eine Küchenecke mit Kaminofen. Daneben gibt es eine Gastwirtschaft. Der Wirt Fatmir Tupi serviert hier, was seine Frau kocht. Elf freiwillige Ranger führen gegen ein Trinkgeld durch den Nationalpark. Sie kümmern sich um die Natur und darum, dass die Einwohner ein Auskommen haben. Dass überhaupt Wanderwege existieren, ist ihnen zu verdanken: Sie haben diese vor vier Jahren markiert.
SEHENSWÜRDIGKEITEN: Treppe von Scanderbeg und der Tisch von Scanderbeg sowie kulturelle Besonderheiten wie natürliche Höhlen (z. B. »Christus« und die »Eremitenhöhlen«), in denen man uralte Gemälde an den Wänden findet.
WEBSITE: www.naturerlebnis-albanien.de

L(I)EBENSWERTE KLEINSTÄDTE

Das Beste aus Stadt und Land

Die französische Kleinstadt Narbonne ist von Kanälen durchzogen.

Landliebe ist recht und schön, aber es muss ja nicht immer gleich die völlige Einsamkeit sein. In ganz Europa gibt es ganz viele l(i)ebenswerte kleine Städte, die sich hervorragend für eine Auszeit eignen. Von dort ist es meist nur ein Katzensprung und man ist mitten in der herrlichen Natur oder nah an landschaftlichen Besonderheiten. Aber die gute touristische Infrastruktur vor Ort sorgt dafür, dass aus dem Kurztrip ein erholsamer, genussvoller Aufenthalt wird. Kleinstadtcharme, pittoreske Altstädte, lebendige Stadtplätze, abwechslungsreiche Kunst und Kultur, verschiedene Übernachtungsmöglichkeiten und vor allem auch die Möglichkeiten regionale Spezialitäten zu probieren, das ist das Flair einer Städtereise. Dafür braucht es keine Metropole.

Husum Ein bisschen Nordsee, ein bisschen Theodor Storm, ein bisschen Wind um die Nase und vor allem viel weite Sicht, in dem kleinen deutschen Städtchen hoch oben im Norden vergeht die Zeit viel zu schnell: www.husum.org

Nördlingen So malerisch, dass man es »kitschig« nennen könnte. Das schwäbische Städtchen mit seiner intakten Stadtmauer ist eines der großen Highlights auf der Romantischen Straße. Direkt vor seinen Toren liegt das Nördlinger Ries, entstanden durch einen Meteoriteneinschlag: www.noerdlingen.de

Krumau Die tschechische Märchenstadt liegt an der Moldauschleife und bezaubert mit Barock- und Renaissancebauten: www.ckrumlov.info

Narbonne Ganz im Süden Frankreichs, kurz vor der spanischen Grenze liegt Narbonne am Canal du Midi. Hier ist alles echt und wenig touristisch, das Meer ist nah, der Fisch frisch und auch kulturell gibt es viel zu besichtigen: www.france-voyage.com

Biarritz Der mondäne französische Badeort mit seinen herrlichen Sandstränden zieht Alt und Jung gleichermaßen an. Die einen kommen zwecks der frischen Seeluft, die anderen zum Wellenreiten in der Brandung des Atlantiks: www.france-voyage.com

Ribe ist die älteste Stadt Dänemarks. In der Altstadt haben sich viele mittelalterliche Fachwerkhäuser und wunderschöne Backsteinbauten erhalten. Unzählige Cafés und Restaurants laden zum Verweilen ein: www.vadehavskysten.de

Trapani Es ist das Pendant zum hektischen Palermo und liegt an der Westküste Siziliens. Das Meer immer im Blick, Badebuchten vor der Tür, Salinen im Süden und den Monte Erice im Rücken kann man viel von der Stadt aus unternehmen: www.visitsicily.info

Freistadt Als österreichische Brauereistadt ist Freistadt bekannt. Sie liegt im stillen Mühlviertel nahe zur Grenze nach Tschechien. Kleine Stadtplätze und die Stadtmauer mit den Toren sind ihr Wahrzeichen: www.muehlviertel.at

Hermannstadt Unter Sibiu ist die rumänische Stadt besser bekannt, aber als Hauptstadt Siebenbürgens besitzt sie noch heute ihren deutschen Namen. Rund um den Rathausturm gruppiert sich die Altstadt, die reich an Traditionen und Kultur ist: www.skr.de

Hoorn Die kleine Stadt Hoorn liegt am Ijsselmeer in der Provinz Nordholland. Windmühlen drehen sich in der Umgebung, im Sommer wird der Käsemarkt auf dem Stadtplatz abgehalten, mit dem Fahrrad sind alle umliegenden Sehenswürdigkeiten leicht erreichbar: www.ikhouvanhoorn.nl

Rund um Hoorn gibt es viele Entwässerungsgräben.

Am Nördlinger Marktplatz

Die Gebirgskette des Fagaras ist das größte, massivste und wichtigste Hochgebirge in Rumänien mit den meisten Gipfeln über 2500 Metern (links). Die Rhodopenbahn ist die letzte in Betrieb befindliche Schmalspurstrecke der bulgarischen Staatsbahn BDŽ (rechts).

98 FĂGĂRAŞ

Ein besonderes Naturerbe und Schmuckstück

Eine »Grüne Lunge« und letzten Urwälder Europas findet man in Rumänien. Natürlich außerhalb Skandinaviens. So entdeckt man im Fagaras, einer Gebirgsgruppe der Südkarpaten, Jahrhunderte alte geschützte Bäume und Urwüchsigkeit ohne Ordnung mit einem riesigen Artenreichtum. Tiere und Pflanzen, die heute in Europa ausgestorben oder bedroht sind, fanden dort eine Heimat. Wie seltene Eulen, Auerhühner, Spechte und Fledermäuse, Hunderte Insekten- und Pflanzenarten, aber auch Braunbären, Wolfsrudel und Luchse, die hier noch frei durch die Wälder streifen. Schmuckstück der Gegend ist Sibiu oder Hermannstadt in Siebenbürgen. Dort kann man sich auf eine Reise durch die Geschichte machen und dabei viel »deutsche« Architektur entdecken. Das historische Zentrum der einzigen Kulturmetropole Rumäniens ist liebevoll restauriert. Als größter Platz gilt der »Große Ring«, der von herrlichen Gebäuden umgeben ist, wie das blaue Stadthaus und dem im Barock-Stil erbauten Brukenthal-Palais. Dieser Palast ist das repräsentativste Bauwerk von Sibiu. Die Lügenbrücke, die gusseiserne Schönheit der Stadt, ist nicht nur eines der Wahrzeichen, sondern es ranken sich auch viele Legenden um sie. Da sie die erste Brücke war, die nicht auf Pfeilern ruhte, nannte man sie Liegebrücke. Aus »Liegebrücke« wurde »Lügenbrücke«. So besagt eine Legende, dass die Brücke zu beben beginnt, wenn jemand während der Überquerung eine Lüge erzählt.

TIPPS & INFOS

RUND UM FAGARAS: Der Bâlea-See befindet sich im Herzen von Fagaras in der Region Cârtisoara, in der Nähe der Straße Transfagarasan. Die Oase der Ruhe ist ein Meisterwerk der Natur, das zu jeder Jahreszeit ein Genuss für die Seele ist. An den fast senkrechten Wänden, die den See umgeben, tummeln sich oft Herden schwarzer Ziegen, die als kleine Punkte sichtbar werden.

RUND UM SIBIU: Die Moldauklöster der südlichen Bukowina sind etwas ganz Besonderes. Mönche der Klöster des damaligen Fürstentum Moldau wollten die Bibel auch denjenigen nahebringen, die weder lesen noch schreiben konnten. So begannen sie, Szenen und Geschichten aus der Heiligen Schrift auf Innen- und Außenwände und sogar auf die Mauern der Klöster zu malen.

WEBSITE: www.urlaub-in-rumänien.de

99 RHODOPEN

Mit der Rhodopenbahn über drei Gebirge

Die rund 2000 Meter hohen Rhodopen wurden bereits von den antiken Dichtern Homer, Vergil und Ovid erwähnt. Sie sind ein sanftes, von Mischwäldern geprägtes Mittelgebirge und beherbergen einige der schönsten und malerischsten Gegenden Bulgariens. Mitten durch dieses Idyll und durch zwei weitere Gebirge – dem Rila und Pirin – führt mit 125 Kilometer Länge die Rhodopenbahn. Sie fährt von Septemwri nach Dobrinischte. Die Fahrt mit dieser ausgewöhnlichen Bahn verspricht absolute Entschleunigung. Man sollte unbedingt etwas Zeit mitbringen, denn das schwierige Gebirgsterrain erlaubt nur eine Durchschnittsgeschwindigkeit von 25 Kilometer pro Stunde. So dauert die Fahrt etwa fünf Stunden. Eine Zeit voller außergewöhnlicher und einzigartiger Eindrücke. Man entdeckt wunderbare Bergwälder, malerische Seen, schäumende Flüsse und eindrucksvolle Schluchten, die sich mit saftigen Wiesen in allen Nuancen von Grün und steilen Felsen abwechseln. Der spektakulärste Streckenabschnitt liegt zwischen Velingrad und Jakoruda. Hier passiert der Zug unzählige Tunnel und Brücken, schlängelt sich über Serpentinen hoch bis Avramovo, dem mit 1267 Metern höchstgelegenen Bahnhof Südosteuropas. Übrigens wächst nur hier die »Haberlea Rhodopensis«, die Auferstehungspflanze. Sie hat die einzigartige Eigenschaft, selbst nachdem sie vertrocknet ist, zu neuem Leben zu erwachen. Eine Legende besagt, dass die seltene Pflanze aus dem Blut von Orpheus stammt.

TIPPS & INFOS

SEHENSWÜRDIGKEITEN: Die Stadt Smoljan ist das Zentrum der westlichen Rhodopen. Zahlreiche Wanderwege führen durch die Wälder und an Besonderheiten wie den sogenannten »Wunderbrücken« (Tschudnite Mostowe) entlang. Diese sind zwei natürliche, durch Erosion entstandene Felsbrücken über tiefe Schluchten. Sie liegen am Fuße des Gipfels Goljam Persenk. Lohnend ist auch ein Ausflug nach Shiroka Laka, eines der schönsten Dörfer in der gesamten Region.

ANREISE: Von Deutschland am besten mit dem Flugzeug nach Sofia. Dann per Auto bei drei bis vier Stunden Fahrzeit bis Smoljan.

WEBSITE: www.bulgariatravel.org

Heiliges Kloster der Gottesmutter Maria »Proussiotissa«.

KARPENISI HAT ALLES, WAS MAN BRAUCHT: HERRLICHE BERGE, RAUSCHENDE FLÜSSE, SCHÖNE SCHLUCHTEN, MALERISCHE DÖRFER UND HISTORISCHE KLÖSTER.

100 KARPENISI Griechisches Juwel

Wer auf der Suche nach etwas Außergewöhnlichem abseits ausgetretener Pfade ist, sollte sich für Karpenisi in Zentralgriechenland entscheiden! Die faszinierende und lebendige Hauptstadt der bergigen Präfektur Evrytania liegt im Tal des Flusses Karpenisiotis, eines Nebenflusses des Megdovas, im südlichen Teil des Pindus-Gebirges. Karpenisi besitzt Sehenswürdigkeiten und Denkmäler wie die Statuen von Antonis Katsantonis und Markos Botsaris (Helden der griechischen Revolution von 1821), die Kirche von Agia Triada, die Platanen und die eisigen Bergwasserquellen.

Die bezaubernde Kleinstadt in Mittelgriechenland mit malerischen Steinhäusern ist umgeben von den Bergen Kaliakouda, Helidona und den waldreichen Ausläufern des Velouchi (Timfristos). In diesem Paradies im Herzen Evrytanias erlebt man das traditionelle griechische Leben vor einer atemberaubenden Naturkulisse. Wegen seiner bergigen Landschaft und seiner wilden Schönheit, die man im Mittelmeerraum nur selten findet, wird es auch die »Schweiz Griechenlands« genannt. Doch die Wälder auf den Hängen von Karpenisi sind noch sehr jung. Vor 60 Jahren standen hier noch keine Bäume, denn damals waren nur Terrassenfelder angelegt, begrenzt von Trockensteinmauern und bepflanzt mit Gemüse. Dazwischen lagen diverse Plantagen mit Walnüssen, Äpfeln und Kirschen.

Das Eldorado für Naturliebhaber verzaubert mit seinen wunderschönen Flüssen, tiefen Schluchten und blauen Seen. Die kurvenreichen an den Klippen entlangführenden Straßen führen uns zu wunderbaren Dörfern und Klöstern. Nur 35 Kilometer von Karpenisi entfernt, liegt das Kloster von Prousos – das Haus der Gottesmutter. Das Kloster wurde übrigens an dem Ort erbaut, den sie wundertätig gewählt hat. Es liegt absolut spektakulär in den grünen Wäldern am Rande einer Schlucht bei den natürlichen Felsformationen um Kleidi. Auf Griechisch heißen diese Felsen »Patimata tis Panagias«: Diese »Fußspuren der Gottesmutter« soll sie auf ihrem Weg nach Prousos hinterlassen haben. Hier sollte man auch die Höhle besichtigen, in der die Ikone der Jungfrau Maria während des Zweiten Ikonoklasmus im Jahr 829 versteckt wurde.

TIPPS & INFOS

ANREISE: Am besten fliegt man bis nach Athen und mietet sich dann vor Ort einen Leihwagen für die knapp 300 Kilometer nach Karpenisi. Man muss nur genügend Kleingeld auf die Fahrt mitnehmen, denn es gibt mehrere Mautstellen.

AKTIVITÄTEN: Karpenisi ist ein Paradies für Wanderer. Dutzende Wanderwege führen durch die grünen Hänge, die das Dorf umgeben. In Richtung Panta Vrechei werden wir mit versteckten, sanft fließenden Wasserfällen und einer atemberaubenden Landschaft belohnt. Der berühmteste dieser Wasserfälle führt zur Höhle von Mavri Spilia.

WEBSITE: www.visitgreece.gr

Karg und gleichzeitig grün, durchzogen von einigen Schluchten, das ist das typische Bild von Karpenisi.

REGISTER

IMPRESSUM

Verantwortlich: Maren Langendorff
Redaktion: Nadine Stritzke
Lektorat: Anne Tempcke
Layout: buch:flink | Rüdiger Wagner
Umschlaggestaltung: Mathias Frisch
Repro: Ludwig:media
Kartografie: Kartografie Huber, Heike Block
Herstellung: Alexander Knoll
Printed in Slovenia by Florjancic

★★★★★
Sind Sie mit diesem Titel zufrieden? Dann würden wir uns über Ihre Weiterempfehlung freuen. Erzählen Sie es im Freundeskreis, berichten Sie Ihrem Buchhändler, oder bewerten Sie bei Onlinekauf. Und wenn Sie Kritik, Korrekturen, Aktualisierungen haben, freuen wir uns über Ihre Nachricht an Bruckmann Verlag, Postfach 40 02 09, D-80702 München oder per E-Mail an lektorat@verlagshaus.de

Unser komplettes Programm finden Sie unter www.bruckmann.de

In diesem Buch wird aus Gründen der besseren Lesbarkeit das generische Maskulinum verwendet. Weibliche und anderweitige Geschlechteridentitäten werden dabei ausdrücklich mitgemeint, soweit es für die Aussage erforderlich ist.

Empfehlung der Redaktion: Sie sind auf der Suche nach weiterführender Literatur? Dann empfehlen wir Ihnen die Titel »Einfach abschalten« und »Einfach abschalten Österreich«.

Bildnachweis: Alle Bilder stammen von Dr. Wilfried und Lisa Bahnmüller incl. Martin Siepmann, außer:
Lookphotos: S. 3, 42, 83 (robertharding), 14 (Bastian Linder), 17 (Jalag/Lukas Larsson), 18 (Ulf Bötcher), 19 (Norbert Achtelik), 20 (Axel Ellerhorst), 21 (Konrad Wothe), 24 (Denis Feiner), 25 (Jan Greune), 36 (travelstock44), 37 (Jalag/ Klaus Bossemeyer), 41 (Vision from Earth), 52 (Daniel Schoenen Fotografie), 5 4 o . (Olaf M einhardt), 5 4 u . (Rainer Mirau), 55 (Christian Bäck), 92 (ClickAlps), 93 (Brigitte Merz), 102 (Jalag/Lukas Spörl), 103 (Brigitte Merz), 104 (Wilfried Feder), 107, 138 o. (age fotostock), 123 (Thomas Peter Widmann), 129 (Olaf Meinhardt), 130 (Lode Greven Photography), 138 u. (Design Pics), 139 (Hans Georg Eiben), 142 (Hemis), 153 (Heinz Wohner), 162 (Don Fuchs);
Shutterstock: S. 13 (Danussa), 24 (fivetonine), 29 (vivooo), 30 (Nejdet Duzen), 31 (kostasgr), 32/33 (Timofeev Vladimir), 58 (O.C Ritz), 53 (Mockup Cloud), 82 (JSpannhoff), 99 (barmalini), 122 (Nick Fox), 131 (Shiler), 136 (Sunux), 143 (Daniel Prudek), 144 (Jef Wodniack), 158 (WildMedia), 163 (ZagAlex), 164 (RODKARV), 165 (siete_vidas);
Mauritius Images: S. 28 (Jason Knott), 49 u. (Peter Horree);
Weitere: S. 49 r. (DistrictHive / Dani Guindo), 124, 125 u. (Uhlenköper-Camp/Arek Marud).

Umschlagvorderseite: Entspannung bei Sonnenuntergang auf Sizilien (mauritius/Westend61/Michael Reusse)
Umschlagrückseite v.l.o.n.r.u.: Uferpromenade im Kurort Balatonüred am Plattensee; die Nebelhornbahn im Allgäu; unzählige Schafe bevölkern die Isle of Skye; Sonnenuntergang am Stubner Kogel;
Klappe vorne v.l.o.n.r.u.: Wanderweg am Aussichtspunkt Mirador de Abrante auf La Gomera; typische Fischerhütte auf den Lofoten, Uferpromenade an der Altstadt von Menton; Sanddünen auf Wangerooge.

Die Deutsche Nationalbibliothek verzeichnet diese Publikation in der Deutschen Nationalbibliografie; detaillierte bibliografische Daten sind im Internet über http://dnb.d-nb.de abrufbar.

ISBN: 978-3-7343-2591-5